Τάκο

Ένα γαστρονομικό ταξίδι μέσα από γευστικά Tacos

Ανακαλύψτε την τέχνη της παρασκευής τάκο με πάνω από 100 ακαταμάχητες συνταγές

Έλλη Κωστή

Υλικό πνευματικών δικαιωμάτων ©2023

Όλα τα δικαιώματα διατηρούνται

Χωρίς την κατάλληλη γραπτή συγκατάθεση του εκδότη και του κατόχου των πνευματικών δικαιωμάτων, το βιβλίο του δεν μπορεί να χρησιμοποιηθεί ή να διανεμηθεί με οποιονδήποτε τρόπο, σχήμα ή μορφή, εκτός από σύντομες αναφορές που χρησιμοποιούνται σε μια κριτική. Αυτό το βιβλίο δεν πρέπει να θεωρείται υποκατάστατο ιατρικών, νομικών ή άλλων επαγγελματικών συμβουλών.

ΠΙΝΑΚΑΣ ΠΕΡΙΕΧΟΜΕΝΩΝ

ΠΙΝΑΚΑΣ ΠΕΡΙΕΧΟΜΕΝΩΝ..........3
ΕΙΣΑΓΩΓΗ..........8
1. Τάκος με κοτόπουλο που περισσεύει..........10
2. Taco με κοτόπουλο αργής μαγειρέματος..........12
3. Τάκο κοτόπουλου με εσπεριδοειδή και βότανα..........14
4. Κρεμώδες τάκος με κοτόπουλο και αβοκάντο..........17
5. Κοτόπουλο τάκος καλαμποκιού με ελιές..........19
6. Κοτόπουλο τσίλι Verde tacos..........21
7. Κοτόπουλο Cheddar Charred Corn tacos..........23
8. Tacos κοτόπουλου με ρύζι και Sherry..........25
9. Τάκο ψητό κοτόπουλο και κόκκινη πιπεριά..........27
10. Βοδινό τάκος..........30
11. Μοσχαρίσιο άγριο μανιτάρι, μπριζόλα και Poblano Tacos..........32
12. Τάκο με χαμηλά λιπαρά βοδινό και φασόλια..........34
13. Μοσχαρίσιο τσένταρ τάκος..........36
14. Taco με κοτόπουλο αργής μαγειρέματος..........38
15. Γρήγορο και εύκολο αλεσμένο τάκος γαλοπούλας..40
16. Tacos κοτόπουλου Cilantro Lime αργής μαγειρέματος..........42
17. Τάκος κοτόπουλου με σπιτική σάλτσα..........44
18. Μαλακά τάκος με κοτόπουλο λάιμ..........47
19. Tex Mex Chicken Tacos..........49

20. Τάκος κοτόπουλου με σκληρά τσόφλια και τηγανητά φασόλια..................51
21. Μαλακό τάκος με μήλο και κρεμμύδι με κοτόπουλο 53
22. Fajita Chicken Tacos..................55
23. Fiesta Chicken Tacos..................57
24. Τάκος κοτόπουλου στη σχάρα..................59
25. Μαλακό τάκος με κοτόπουλο και καλαμπόκι..........61
26. Rotisserie Chicken Cheddar Taco..................63
27. Buffalo Chicken Tacos..................65
28. Μπάρμπεκιου μοσχαρίσιο tacos..................67
29. Tacos De Barbacoa..................69
30. Τραγανό τάκος ελαφιού..................71
31. Carne Asada Steak Tacos..................73
32. Κρέπα τάκος με ρεβύθια με μοσχαρίσιο κρέας και μελιτζάνα..................75
33. Μπριζόλα Tacos και Salsa..................79
34. Μοσχαρίσιος κιμάς τάκος..................81
35. Pan Tacos με κιμά και λευκό ρύζι..................83
36. Tacos με Χάμπουργκερ που περισσεύουν..................85
37. Βοδινό τάκος σε στυλ Buffalo..................87
38. Περιτυλίγματα τάκο βοείου κρέατος..................89
39. Μοσχαρίσιο τάκος στη σχάρα Carnitas..................91
40. Μικροσκοπικές τάρτες μοσχαριού Taco..................94
41. One Pot Cheesy Taco Skillet..................97
42. Φούστα Steak Street Tacos..................99

43. Πουέρτο Ρίκο Τάκο......102
44. Κρεατώδη κατσαρόλα Taco......104
45. Μοσχαρίσιο κόλιανδρο Taco......106
46. Σούπα ντομάτας μοσχαρίσιο tacos......109
47. Αρνί ψητό με μαλακό τάκος......111
48. Ψητό χοιρινό τάκος και σάλτσα παπάγιας......113
49. Τριμμένο χοιρινό τάκος......116
50. Taco χοιρινό και αυγά......118
51. Χοιρινό Carnitas Tacos......120
52. Taco Truck Tacos......122
53. Tacos με ψητό Kielbasa......124
54. Tacos Picadillo......127
55. Χοιρινό tacos, στυλ Καλιφόρνιας......130
56. Μέλι-Cilantro Γαρίδες Soft Tacos......133
57. Baja Fish Tacos......135
58. Tacos με γαρίδες......137
59. Tacos ψαριού με κόλιανδρο και Chipotle Mayo...139
60. Γαρίδες στη σχάρα και τάκος μαύρα φασόλια......141
61. Μαυρισμένα Cabo Fish Tacos......143
62. Πικάντικο Tacos με γαρίδες......145
63. Τιλάπια Τάκος......147
64. Μοχίτο-Τάκος ψαριού στη σχάρα με γαρνιτούρα λάιμ......149
65. Τάκος ψαριού στη σχάρα με σάλτσα κόλιανδρου. 151
66. Υγιεινά τάκος ψαριών......153
67. Tacos γαρίδας Cajun με σάλσα ντοματίλιο......156

68. Ceviche tacos..159
69. Ψητό τάκος στη σχάρα με πράσινη σάλσα...........162
70. Tacos με γαρίδες Μαργαρίτα....................................165
71. Τάκος σολομού...168
72. Taco θαλασσινών με σάλσα καλαμποκιού...............170
73. Μαλακά tacos με κόκκινο λυθρίνι............................173
74. Tacos φρέσκων φρούτων...176
75. Τάκο κακάο με γέμιση φρούτων με χαμηλά λιπαρά
....179
76. Taco με φρούτα καρύδας..182
77. Τηγανητό τάκος ανανά & πορτοκάλι με τριμμένη σοκολάτα..184
78. Παιδικό τάκο ψαριού..187
79. Tacos παγωτού...189
80. Τραγανό τάκος ρεβιθιού...191
81. Τέμπε τάκος..194
82. Tacos μανιταριών με κρέμα Chipotle.......................197
83. Φακές, λάχανο και κινόα τάκος...............................199
84. Καλαμπόκι σάλσα με μαύρα φασόλια τάκος..........201
85. Τάκος χαλούμι στη σχάρα.......................................204
86. The Simple Vegan Taco..206
87. Φασόλια και τάκο καλαμποκιού στη σχάρα..........208
88. Taco με μαύρα φασόλια και σαλάτα ρυζιού..........210
89. Μασώδες τάκος καρυδιάς.......................................212
90. Σεϊτάν Τάκος..215
91. Υπέροχα tofu tacos..217

92. Rajas con Crema Tacos..220
93. Τίνγκα τάκος γλυκοπατάτας και καρότου.............222
94. Πατάτα και Chorizo Tacos...................................225
95. Καλοκαιρινές Calabacitas Tacos..........................227
96. Πικάντικα κολοκυθάκια και τάκος μαύρα φασόλια
....229
97. Τάκος με σπαράγγια...232
98. Τάκο με βλαστάρια φασολιών με βόειο κρέας......234
99. Τάκος με φασόλια γκουακαμόλε..........................235
100. Τάκος φακής..237
ΣΥΜΠΕΡΑΣΜΑ..240

ΕΙΣΑΓΩΓΗ

Καλώς ήρθατε στο "Τάκο Φιέστα: Ένα γαστρονομικό ταξίδι μέσα από γευστικά Tacos"! Αυτό το βιβλίο μαγειρικής είναι μια γιορτή για το αγαπημένο μεξικάνικο πιάτο που έχει αιχμαλωτίσει τις καρδιές και τους γευστικούς κάλυκες των λάτρεις του φαγητού σε όλο τον κόσμο. Ετοιμαστείτε να ξεκινήσετε μια δελεαστική περιπέτεια καθώς εξερευνούμε τον ποικίλο κόσμο των tacos, από παραδοσιακά κλασικά έως καινοτόμες δημιουργίες fusion.

Σε αυτό το βιβλίο μαγειρικής, έχουμε επιμεληθεί μια συλλογή με περισσότερες από 100 ακαταμάχητες συνταγές taco που θα ταξιδέψουν τους γευστικούς σας κάλυκες σε μια συναρπαστική βόλτα με τρενάκι. Από τα τρυφερά street-style tacos μέχρι τις γκουρμέ ανατροπές και τις χορτοφαγικές απολαύσεις, κάθε συνταγή είναι σχολαστικά σχεδιασμένη για να αναδεικνύει τις ζωντανές γεύσεις, τις υφές και τα αρώματα που κάνουν τα tacos πραγματικά εξαιρετικά.

Είτε είστε έμπειρος σεφ είτε αρχάριος στην κουζίνα, αυτό το βιβλίο μαγειρικής έχει σχεδιαστεί για να σας εμπνεύσει και να σας καθοδηγήσει στην τέχνη της παρασκευής τάκο. Κάθε συνταγή συνοδεύεται από σαφείς οδηγίες, χρήσιμες συμβουλές και ζωντανές φωτογραφίες που θα δελεάσουν τις αισθήσεις σας και θα κάνουν το γαστρονομικό σας ταξίδι ακόμα πιο απολαυστικό.

Πάρτε λοιπόν την ποδιά σας, εφοδιαστείτε με τορτίγιες και αφήστε το "Taco Fiesta" να είναι ο οδηγός σας για να δημιουργήσετε αξέχαστες γιορτές τάκο για την οικογένεια και τους φίλους σας. Ετοιμαστείτε να αναβαθμίσετε το παιχνίδι τάκο σας και να εμποτίσετε τα γεύματά σας με μια φιέστα γεύσεων. Ας βουτήξουμε στον κόσμο των tacos και ας ξεκινήσουμε μια γαστρονομική περιπέτεια όπως καμία άλλη!

1. <u>Τάκος με κοτόπουλο που περισσεύει</u>

Κάνει: 2

ΣΥΣΤΑΤΙΚΑ:

- 2 φλιτζάνια μαγειρεμένο, ψιλοκομμένο κοτόπουλο
- 1 φλιτζάνι σάλτσα ντομάτα
- 2 κουταλιές της σούπας λάδι
- 1 σκελίδα σκόρδο, πιεσμένη
- 500 γραμμάρια μαύρα φασόλια, βρασμένα και στραγγισμένα
- $\frac{1}{4}$ κουταλάκι του γλυκού αλάτι
- 4 τορτίγιες
- 1 αβοκάντο, κομμένο σε φέτες

ΟΔΗΓΊΕΣ:

a) Πετάξτε το δέρμα του κοτόπουλου τραβώντας το κρέας από αυτό.
b) Σε ένα μεγάλο τηγάνι, σε μέτρια προς χαμηλή φωτιά, ζεσταίνουμε τη σάλτσα και το κοτόπουλο.
c) Εν τω μεταξύ, σε ένα μέτριο τηγάνι, ζεσταίνουμε το λάδι και βράζουμε το σκόρδο και τα φασόλια.
d) Προσθέστε αλάτι και $\frac{1}{2}$ φλιτζάνι νερό. Θρυμματίζουμε τα φασόλια με το πίσω μέρος του κουταλιού για να έχουμε ένα κρεμώδες μείγμα. Αποσύρουμε από τη φωτιά.
e) Ζεσταίνουμε τις τορτίγιες και μετά προσθέτουμε το κοτόπουλο και ρίχνουμε από πάνω αβοκάντο, σάλσα, κόλιαντρο, φέτες λάιμ και το μείγμα των τηγανισμένων φασολιών.

2. Τaco με κοτόπουλο αργής μαγειρέματος

ΣΥΣΤΑΤΙΚΑ:

- 2 κιλά στήθος ή μπούτια κοτόπουλου
- 8 τεμάχια βιολογικές ή κανονικές τορτίγιες
- 1 φλιτζάνι βιολογική ή σπιτική σάλτσα
- $\frac{1}{2}$ φλιτζάνι νερό
- 2 κουταλάκια του γλυκού αλεσμένο κύμινο
- 2 κουταλάκια του γλυκού τσίλι σε σκόνη
- 1 κουταλάκι του γλυκού σκόνη σκόρδου
- 1 κουταλάκι του γλυκού αλεσμένο κόλιανδρο
- $\frac{1}{4}$ κουταλάκι του γλυκού πιπέρι καγιέν (περισσότερο για περισσότερη θερμότητα)
- $\frac{1}{2}$ κουταλάκι του γλυκού θαλασσινό αλάτι
- $\frac{1}{4}$ κουταλάκι του γλυκού μαύρο πιπέρι
- Επικαλύψεις: Φρέσκα ψιλοκομμένα λαχανικά της επιλογής σας, φρέσκος κόλιανδρος, ελιές, αβοκάντο, φρέσκια σάλσα, λάιμ κ.λπ.

ΟΔΗΓΊΕΣ:

a) Βάλτε τα κομμάτια κοτόπουλου σε slow cooker μαζί με το νερό, το αλεσμένο κύμινο, τη σκόνη τσίλι, τη σκόνη σκόρδου, τον αλεσμένο κόλιανδρο, το πιπέρι καγιέν, αλάτι και πιπέρι. Ανακατεύουμε για να καλυφθεί το κοτόπουλο.
b) Μαγειρέψτε για 4 με 5 ώρες σε υψηλή θερμοκρασία.
c) Αφαιρέστε το κοτόπουλο και ψιλοκόψτε. Επιστρέψτε στο slow cooker και μαγειρέψτε για άλλα 30 λεπτά.
d) Σερβίρετε το κοτόπουλο σε μεμβράνη τορτίγιας και προσθέτετε σάλτσα και γαρνιτούρες της αρεσκείας σας.

3. Τάκο κοτόπουλου με εσπεριδοειδή και βότανα

Κάνει: 12 Tacos

ΣΥΣΤΑΤΙΚΑ:
ΤΑΚΟΣ
- 6 Μπούτια Κοτόπουλου, με πέτσα
- 3 Στήθη Κοτόπουλου, με πέτσα
- 2 λάιμ, ξύσμα και χυμό
- 2 λεμόνια, ξύσμα και χυμό
- 1 φλιτζάνι ανάμεικτα φρέσκα βότανα
- ¼ φλιτζάνι βερμούτ ή ξηρό λευκό κρασί
- ¼ φλιτζάνι Ελαιόλαδο
- 1 κουταλάκι του γλυκού Κύμινο, φρυγανισμένο
- 1 κουταλάκι του γλυκού κόλιανδρος, φρυγανισμένος
- 1 κουταλάκι του γλυκού Σκόρδο, ψιλοκομμένο

ΓΑΡΝΙΡΕΣ ΙΔΕΕΣ:
- Διαλεγμένο Cilantro Lime σφήνες σπιρτόξυλα ραπανάκι
- Ζουλιέν μαρούλι (σπανάκι, ice berg, βούτυρο ή λάχανο)
- Πίκο ντε Γκάλο
- Τριμμένο τυρί
- Κρέμα γάλακτος
- Καυτερές πιπεριές τουρσί

ΝΑ ΣΥΝΑΡΜΟΛΟΓΗΣΟΥΝ
- 12 τορτίγιες από αλεύρι

ΟΔΗΓΊΕΣ:
ΤΑΚΟΣ
a) Ανακατεύουμε όλα τα υλικά και αφήνουμε το κοτόπουλο να μαριναριστεί για τουλάχιστον 4 ώρες.
b) Ψήστε το κοτόπουλο στη σχάρα με την πέτσα πρώτα στη σχάρα.

c) Όταν κρυώσει αρκετά για να χειριστείτε το ψιλοκόψτε χοντροκομμένα.

ΓΙΑ ΝΑ ΣΥΝΑΡΜΟΛΟΓΗΣΟΥΝ ΤΑ ΤΑΚΟΣ

a) Παίρνετε δύο τορτίγιες και βάζετε περίπου ένα $\frac{1}{4}$ ή κοτόπουλο σε καθεμία και προσθέτετε τις επιθυμητές γαρνιτούρες.

b) Σερβίρετε μαύρα φασόλια και σαλάτα ρυζιού μαζί με tacos.

4. Κρεμώδες τάκος με κοτόπουλο και αβοκάντο

Κάνει: 1 μερίδα

ΣΥΣΤΑΤΙΚΑ:
- 1 ουγγιά ώριμο αβοκάντο
- 2 κουταλιές της σούπας φυσικό γιαούρτι με χαμηλά λιπαρά
- 1 κουταλάκι χυμό λεμονιού
- Αλατοπίπερο
- Λίγα φύλλα μαρουλιού ψιλοκομμένα
- 1 εσαλότ ή 3 φρέσκα κρεμμυδάκια, κομμένα και κομμένα σε φέτες.
- 1 ντομάτα κομμένη σε φέτες
- Ένα τέταρτο πιπεριάς, ψιλοκομμένο
- 2 κοχύλια Taco
- 2 ουγγιές ψητό κοτόπουλο, κομμένο σε φέτες

ΟΔΗΓΙΕΣ:
a) Σε ένα μικρό μπολ πολτοποιήστε το αβοκάντο με ένα πιρούνι μέχρι να ομογενοποιηθεί. Προσθέστε το γιαούρτι και το χυμό λεμονιού και ανακατέψτε μέχρι να ομογενοποιηθούν. Αλατοπιπερώνουμε.
b) Ανακατεύουμε μαζί το μαρούλι, το κρεμμυδάκι ή το φρέσκο κρεμμυδάκι, την ντομάτα και την πράσινη ή κόκκινη πιπεριά.
c) Ζεσταίνουμε τα κελύφη taco κάτω από μια μέτρια σχάρα για 2 έως 3 λεπτά.
d) Τα αφαιρούμε και τα γεμίζουμε με το μείγμα της σαλάτας. Ρίχνετε από πάνω το κοτόπουλο και ρίχνετε με κουτάλι το dressing με το αβοκάντο. Σερβίρετε αμέσως.

5. Κοτόπουλο τάκος καλαμποκιού με ελιές

Κάνει: 1 μερίδα

ΣΥΣΤΑΤΙΚΑ:
- ⅔ φλιτζάνι Plus 2 κουταλιές της σούπας. μαγειρεμένο στήθος κοτόπουλου? ψιλοκομμένο
- 1 πακέτο Μείγμα καρυκευμάτων Taco
- 3 ουγγιές Κονσερβοποιημένο μεξικάνικο καλαμπόκι. στραγγισμένο
- 4 κοχύλια τάκο ή τορτίγιες από αλεύρι
- ⅓ φλιτζάνι συν 1 κ.σ. μαρούλι; ψιλοκομμένο
- ½ μέτρια ντομάτα; ψιλοκομμένο
- 1 κουταλιά της σούπας Συν 2 κουταλάκια του γλυκού ώριμες ελιές κομμένες σε φέτες
- 1 ουγγιά τριμμένο τυρί τσένταρ

ΟΔΗΓΊΕΣ:
a) Συνδυάστε το μείγμα καρυκευμάτων κοτόπουλου και taco σε ένα τηγάνι σε μέτρια δυνατή φωτιά.
b) Προσθέστε την ποσότητα νερού που αναφέρεται στη συσκευασία για γέμιση taco. Αφήστε να πάρει μια βράση. Μειώστε τη θερμότητα σε μέτρια.
c) Σιγοβράζουμε για 5-10 λεπτά, ανακατεύοντας κατά διαστήματα ή μέχρι να εξατμιστεί το νερό. Ρίξτε το καλαμπόκι και μαγειρέψτε μέχρι να ζεσταθεί καλά.
d) Εν τω μεταξύ, ζεστάνετε τα κοχύλια taco ή τις τορτίγιες σύμφωνα με τις οδηγίες στη συσκευασία. Γεμίστε κάθε κέλυφος με ¼ φλιτζάνι γέμιση κοτόπουλου.
e) Πασπαλίστε το καθένα με μαρούλι, ντομάτα, ελιές και τυρί.

6. Κοτόπουλο τσίλι Verde tacos

Φτιάχνει: 4 μερίδες

ΣΥΣΤΑΤΙΚΑ:
- 3 φλιτζάνια λάχανο τριμμένο
- 1 φλιτζάνι φρέσκο κόλιανδρο -- ελαφρά συσκευασμένο
- 1 φλιτζάνι πράσινη σάλτσα τσίλι
- 1 κιλό Στήθη κοτόπουλου χωρίς κόκαλα χωρίς πέτσα
- 1 κουταλάκι του γλυκού λάδι σαλάτας
- 1 Στήθη κοτόπουλου χωρίς κόκαλα -- κομμένα κατά μήκος
- 3 σκελίδες σκόρδο -- ψιλοκομμένες
- 1 κουταλάκι αλεσμένο κύμινο
- $\frac{1}{2}$ κουταλάκι του γλυκού αποξηραμένη ρίγανη
- 8 τορτίγιες από αλεύρι
- Μειωμένο λίπος ή κανονικό

ΟΔΗΓΊΕΣ:
a) Συνδυάστε λάχανο, κόλιαντρο και σάλσα σε ένα πιάτο σερβιρίσματος. αφήνω στην άκρη.

b) Κόψτε το κοτόπουλο σταυρωτά σε λωρίδες πλάτους $\frac{1}{2}$ ίντσας. Σε ένα αντικολλητικό τηγάνι 10 έως 12 ιντσών σε μέτρια προς δυνατή φωτιά, ανακατέψτε το λάδι, το κρεμμύδι και το σκόρδο για 2 λεπτά. Αυξήστε τη φωτιά στο υψηλό, προσθέστε το κοτόπουλο και ανακατέψτε συχνά μέχρι το κρέας να μην είναι πλέον ροζ στο κέντρο, 4 με 6 λεπτά.

c) Προσθέστε κύμινο και ρίγανη. ανακατεύουμε για 15 δευτερόλεπτα. Ρίξτε κουτάλι στο πιάτο σερβιρίσματος. 3.

d) Τυλίξτε τις τορτίγιες σε μια υφασμάτινη πετσέτα και ψήστε σε φούρνο μικροκυμάτων σε πλήρη ισχύ μέχρι να ζεσταθούν, περίπου $1\frac{1}{2}$ λεπτό. Στο τραπέζι, ρίχνουμε με κουτάλι τα μείγματα λάχανου και κοτόπουλου στις τορτίγιες.

7. Κοτόπουλο Cheddar Charred Corn tacos

Κάνει: 1 μερίδα

ΣΥΣΤΑΤΙΚΑ:
- ⅔ φλιτζάνι Plus 2 κουταλιές της σούπας. μαγειρεμένο στήθος κοτόπουλου? ψιλοκομμένο
- 1 πακέτο Μείγμα καρυκευμάτων Taco
- 3 ουγγιές απανθρακωμένο καλαμπόκι
- 4 κοχύλια τάκο ή τορτίγιες από αλεύρι
- ⅓ φλιτζάνι συν 1 κ.σ. μαρούλι; ψιλοκομμένο
- ½ μέτρια ντομάτα; ψιλοκομμένο
- 1 κουταλιά της σούπας Συν 2 κουταλάκια του γλυκού ώριμες ελιές κομμένες σε φέτες
- Κρέμα γάλακτος
- 1 ουγγιά τριμμένο τυρί τσένταρ

ΟΔΗΓΊΕΣ:
a) Συνδυάστε το μείγμα καρυκευμάτων κοτόπουλου και taco σε ένα τηγάνι σε μέτρια δυνατή φωτιά.

b) Προσθέστε την ποσότητα νερού που αναφέρεται στη συσκευασία για γέμιση taco. Αφήστε να πάρει μια βράση.

c) Μειώστε τη θερμότητα σε μέτρια. Σιγοβράζουμε για 5-10 λεπτά, ανακατεύοντας κατά διαστήματα ή μέχρι να εξατμιστεί το νερό.

d) Ρίξτε το καλαμπόκι και μαγειρέψτε μέχρι να ζεσταθεί καλά.

e) Εν τω μεταξύ, ζεστάνετε τα κοχύλια taco ή τις τορτίγιες σύμφωνα με τις οδηγίες στη συσκευασία. Γεμίστε κάθε κέλυφος με ¼ φλιτζάνι γέμιση κοτόπουλου.

f) Πασπαλίστε το καθένα με μαρούλι, ντομάτα, ελιές και τυρί.

g) Περιχύστε από πάνω κρέμα γάλακτος.

8. Tacos κοτόπουλου με ρύζι και Sherry

Κάνει: 6 μερίδες

ΣΥΣΤΑΤΙΚΑ:
- 2 λίβρες Μέρη κοτόπουλου
- $\frac{1}{4}$ φλιτζάνι Αλεύρι
- 2 κουταλάκια του γλυκού Αλάτι
- $\frac{1}{4}$ κουταλάκι του γλυκού Πιπέρι
- 1 φλιτζάνι Κρεμμύδι, ψιλοκομμένο
- $\frac{1}{4}$ φλιτζάνι Βούτυρο
- 2 κουταλιές της σούπας σάλτσα Worcestershire
- $\frac{1}{4}$ κουταλάκι του γλυκού σκόνη σκόρδου
- 1 φλιτζάνι σάλτσα τσίλι
- 1 $\frac{1}{2}$ φλιτζάνι ζωμός κοτόπουλου
- 3 φλιτζάνια ζεστό ρύζι, μαγειρεμένο
- $\frac{1}{2}$ φλιτζάνι ξηρό σέρι

ΟΔΗΓΊΕΣ:
a) Τυλίξτε το κοτόπουλο σε συνδυασμένο αλεύρι, αλάτι και πιπέρι.
b) Καφέ σε μαργαρίνη.
c) Σπρώξτε το κοτόπουλο στη μία πλευρά.
d) Προσθέστε τα κρεμμύδια, σοτάρετε μέχρι να γίνει διάφανο.
e) Ανακατεύουμε με τα υπόλοιπα υλικά εκτός από το ρύζι. Αφήνουμε να πάρει μια βράση, σκεπάζουμε και χαμηλώνουμε τη φωτιά και στη συνέχεια σιγοβράζουμε για 35 λεπτά.
f) Σερβίρετε κοτόπουλο και σάλτσα πάνω από το κρεβάτι με αφράτο ρύζι.

9. Τάκο ψητό κοτόπουλο και κόκκινη πιπεριά

Κάνει: 6 μερίδες

ΣΥΣΤΑΤΙΚΑ:
- 1½ κιλό κοτόπουλο χωρίς κόκαλα, χωρίς πέτσα β
- 2 κόκκινες πιπεριές ψητή τσίσα
- 2 κοτσάνια σέλινο, πλυμένα και κομμένα σε φέτες
- 1 κόκκινο κρεμμύδι, ξεφλουδισμένο και ψιλοκομμένο
- ½ φλιτζάνι μαγειρεμένα μαύρα φασόλια
- ¼ φλιτζάνι ψιλοκομμένα φύλλα κόλιανδρου
- ¼ φλιτζάνι βαλσάμικο ξύδι
- ¼ φλιτζάνι Λάδι
- ¼ φλιτζάνι χυμός πορτοκαλιού
- ¼ φλιτζάνι χυμός λάιμ
- 2 σκελίδες σκόρδο, καθαρισμένες και μί
- 1 κουταλάκι του γλυκού αλεσμένος σπόρος κόλιανδρου
- ½ κουταλάκι του γλυκού πιπέρι
- ½ κουταλάκι του γλυκού Αλάτι
- ¼ φλιτζάνι κρέμα γάλακτος ή άπαχο γιαούρτι
- 6 τορτίγιες (8 ιντσών) από αλεύρι

ΟΔΗΓΊΕΣ:
a) ΑΝΑΨΤΕ ΜΙΑ ΓΚΡΙΛ Ή ΠΡΟΘΕΡΜΑΙΝΕΤΕ ένα κρεατοπαραγωγής. Χτυπάμε τα στήθη κοτόπουλου σε ομοιόμορφο πάχος και τα ψήνουμε στη σχάρα ή τα ψήνουμε και από τις δύο πλευρές μέχρι να ψηθούν, αλλά όχι να στεγνώσουν, περίπου 4 λεπτά από την πλευρά. Είναι λογικό να ψήνετε τις πιπεριές ταυτόχρονα. Κόβουμε και αφήνουμε στην άκρη.

b) Σε ένα μπολ ανακατεύουμε τις πιπεριές, το σέλινο, το κρεμμύδι, τα μαύρα φασόλια και τον κόλιαντρο. Ανακατεύουμε το ξύδι, το λάδι, τον χυμό πορτοκαλιού, τον χυμό λάιμ, το σκόρδο, τον κόλιανδρο, το πιπέρι. Συνδυάστε με αλάτι και κρέμα γάλακτος ή γιαούρτι σε ένα βάζο με κλειστό καπάκι. Ανακινήστε καλά και περιχύστε τα λαχανικά με το dressing.

c) Μαρινάρετε τα λαχανικά για 1 ώρα σε θερμοκρασία δωματίου. Τοποθετήστε ένα μεγάλο τηγάνι σε μέτρια φωτιά και ψήστε τις τορτίγιες στο γκριλ για 30 δευτερόλεπτα στο πλάι για να μαλακώσουν. Για να σερβίρετε, μοιράστε το κοτόπουλο στις τορτίγιες, τοποθετώντας το στο κέντρο της τορτίγιας.

d) Μοιράζουμε τα λαχανικά και το dressing τους πάνω από το κοτόπουλο και τυλίγουμε την τορτίγια σε κύλινδρο.

e) Σερβίρετε αμέσως. Το πιάτο πρέπει να είναι σε θερμοκρασία δωματίου.

10. Βοδινό τάκος

Κάνει: 8 μερίδες

ΣΥΣΤΑΤΙΚΑ:
- ½ κιλό άπαχο μοσχαρίσιο κιμά
- 8 τορτίγιες ολικής αλέσεως
- 1 πακέτο καρυκεύματα taco
- Τριμμένο μαρούλι romaine & 2 μεγάλες ντομάτες
- ¾ φλιτζάνι νερό
- 2 φλιτζάνια τριμμένο τυρί τσένταρ

ΟΔΗΓΙΕΣ:
a) Σε ένα μέτριο τηγάνι προσθέστε λίγο νερό, κιμά και καρυκεύματα τάκο και μετά αφήστε τα όλα να βράσουν.

b) Ζεσταίνουμε τα tacos και από τις δύο πλευρές σύμφωνα με τις οδηγίες της συσκευασίας και μετά προσθέτουμε το κρέας, τα λαχανικά και τη σάλτσα.

11. Μοσχαρίσιο άγριο μανιτάρι, μπριζόλα και Poblano Tacos

Κάνει: 6 μερίδες

ΣΥΣΤΑΤΙΚΑ:
- 1 κουταλιά της σούπας ελαιόλαδο
- 12 τορτίγιες καλαμποκιού
- 1 κιλό μοσχαρίσια μπριζόλα
- 12 κουταλιές της σούπας σάλτσα salsa & $\frac{1}{2}$ κουταλάκι του γλυκού κόλιανδρο
- $\frac{1}{2}$ κουταλάκι του γλυκού αλάτι & μαύρο πιπέρι
- 2 φλιτζάνια ωμό κρεμμύδι & 1 φλιτζάνι ψιλοκομμένο σκόρδο
- $\frac{3}{4}$ φλιτζάνι μεξικάνικο τυρί
- 1 πιπεριά Poblano
- 2 φλιτζάνια άγρια μανιτάρια

ΟΔΗΓΙΕΣ:
a) Ξεκινήστε να ροδίζετε τη μπριζόλα μοσχαρίσιο κρέας σε ένα λαδωμένο μέτριο τηγάνι, μαζί με τα καρυκεύματα αλάτι και πιπέρι. Αφού ψηθούν για 5 λεπτά και από τις δύο πλευρές, βγάζουμε τις μπριζόλες και τις αφήνουμε στην άκρη.
b) Προσθέτουμε τα υπόλοιπα υλικά στο τηγάνι και τα σοτάρουμε για 5 λεπτά.
c) Σερβίρετε τις ζεστές τορτίγιες με το μείγμα των μανιταριών, το κρέας μπριζόλας σε φέτες, τη σάλτσα σάλσα και το τριμμένο μεξικάνικο τυρί.

12. Τάκο με χαμηλά λιπαρά βοδινό και φασόλια

Κάνει: 4 μερίδες

ΣΥΣΤΑΤΙΚΑ:
- 1 κιλό μοσχαρίσιος κιμάς
- τηγανητά φασόλια
- 8 κοχύλια taco & καρυκεύματα taco
- 1 γλυκό κρεμμύδι
- σάλτσα σάλσα
- τριμμένο τυρί τσένταρ
- 1 αβοκάντο κομμένο σε φέτες
- κρέμα γάλακτος

ΟΔΗΓΙΕΣ:
a) Ξεκινήστε να μαγειρεύετε το μοσχάρι σε λαδωμένο τηγάνι και προσθέτετε τα φασόλια και τα καρυκεύματα.
b) Τοποθετήστε τα tacos σε ένα πιάτο και προσθέστε το μείγμα του κρέατος, τη σάλτσα σάλσα, την κρέμα γάλακτος, το αβοκάντο σε φέτες και το τριμμένο τυρί τσένταρ.

13. Μοσχαρίσιο τσένταρ τάκος

Κάνει: 16 μερίδες

ΣΥΣΤΑΤΙΚΑ:
- 1 ½ κιλό άπαχο μοσχαρίσιο κιμά
- 8 τορτίγιες καλαμποκιού ολόκληρες
- 1 πακέτο καρυκεύματα taco
- 1 βάζο σάλτσα σάλσα
- 2 φλιτζάνια τριμμένο τυρί τσένταρ

ΟΔΗΓΙΕΣ:

a) Σε ένα λαδωμένο τηγάνι ροδίζουμε σιγά-σιγά τον κιμά, προσθέτουμε τη σάλτσα σάλτσας και ανακατεύουμε καλά και μετά στραγγίζουμε το κρέας.

b) Ζεσταίνουμε κάθε τορτίγια και προσθέτουμε το μείγμα του κρέατος, τα καρυκεύματα, προσθέτουμε λίγη σάλτσα σάλσα και τυρί τσένταρ.

14. Taco με κοτόπουλο αργής μαγειρέματος

Κάνει: 8 μερίδες

ΣΥΣΤΑΤΙΚΑ:
- 1 κιλό στήθη κοτόπουλου
- 1 πακέτο καρυκεύματα taco
- 1 βάζο σάλσα
- 2-3 ντομάτες
- Τυρί τσένταρ

ΟΔΗΓΙΕΣ:
a) Πάρτε μια μεσαία κατσαρόλα και μαγειρέψτε το κρέας κοτόπουλου για περίπου 8 ώρες σε χαμηλή φωτιά.

b) Πριν το σερβίρετε στις τορτίγιες, το ψιλοκόβετε και προσθέτετε τα υπόλοιπα υλικά και τα καρυκεύματα.

15. Γρήγορο και εύκολο αλεσμένο τάκος γαλοπούλας

Κάνει: 8 μερίδες

ΣΥΣΤΑΤΙΚΑ:
- 1 κιλό αλεσμένη γαλοπούλα
- καρυκεύματα τάκο
- 1 φλιτζάνι τυρί τριμμένο
- $\frac{3}{4}$ φλιτζάνι νερό
- 1 κουτί ντομάτες σε κύβους με βασιλικό, ρίγανη και σκόρδο
- 1 κουτί μαύρα φασόλια
- τορτίγιες με χαμηλούς υδατάνθρακες και μαρούλι

ΟΔΗΓΙΕΣ:
a) Σε ένα μέτριο τηγάνι αρχίστε να τηγανίζετε το κρέας της γαλοπούλας μέχρι να ροδίσει.
b) Προσθέστε το νερό, τις ντομάτες και τα φασόλια σε κυβάκια, σιγοβράζοντας μέχρι να ομογενοποιηθούν.
c) Ρίχνετε με κουτάλι το μείγμα πάνω από κάθε τορτίγια, προσθέτοντας το μαρούλι και το τριμμένο τυρί.

16. Tacos κοτόπουλου Cilantro Lime αργής μαγειρέματος

Κάνει: 6 μερίδες

ΣΥΣΤΑΤΙΚΑ:
- 1 κιλό στήθη κοτόπουλου
- 1 βάζο σάλσα
- 3 κουταλιές της σούπας φρέσκο κόλιανδρο
- 1 πακέτο καρυκεύματα Taco
- 1 λάιμ (χυμός)
- 6 τορτίγιες ολικής αλέσεως

ΟΔΗΓΙΕΣ:
a) Τοποθετήστε το κρέας κοτόπουλου, τα καρυκεύματα τάκο, τον κόλιανδρο, τον χυμό λάιμ και τη σάλσα σε μια μέτρια αργή κουζίνα. μαγείρεμα για 8-10 ώρες σε χαμηλή φωτιά (μπορείτε να το κάνετε όλη τη νύχτα).
b) Όταν τελειώσετε, ψιλοκόψτε το κρέας και τοποθετήστε το πάνω από τις τορτίγιες σας, προσθέτοντας τις επικαλύψεις κατά βούληση (ελιές, μαρούλι, κρεμμύδια και άλλες σάλτσες).

17. Τάκος κοτόπουλου με σπιτική σάλτσα

Φτιάχνει: 2 μερίδες

ΣΥΣΤΑΤΙΚΑ:
ΠΙΚΑΝΤΙΚΟ ΚΡΕΑΣ :
- 1 στήθος κοτόπουλου (σε κυβάκια)
- 1 σκελίδα σκόρδο
- ½ ντομάτα
- ½ κουταλάκι του γλυκού κρεμμύδι & τσίλι σε σκόνη
- ½ κουταλάκι του γλυκού κύμινο & πάπρικα
- ½ λάιμ (χυμός)

SALSA:
- ¼ φλιτζανιού κρεμμύδι κομμένο σε κύβους
- ½ ντομάτα σε κύβους
- 1 πρέζα αλάτι
- ¼ φλιτζάνι φρέσκο κόλιανδρο
- ½ χυμός λάιμ
- ½ αβοκάντο κομμένο σε κύβους
- ½ μικρή πιπεριά Jalapeño

ΑΛΛΑ:
- 4 τορτίγιες καλαμποκιού
- ¼ φλιτζάνι τυρί μοτσαρέλα
- ½ φλιτζάνι μαρούλι (τριμμένο)

ΟΔΗΓΙΕΣ:
a) Παίρνουμε ένα μέτριο τηγάνι, προσθέτουμε το κοτόπουλο, τα μπαχαρικά, το σκόρδο και το χυμό λάιμ, μαγειρεύοντας τα πάντα μέχρι να τελειώσουν.
b) Ρίχνουμε τις ντομάτες κομμένες σε κύβους πάνω από το τηγανητό κοτόπουλο.
c) Εν τω μεταξύ, αρχίστε να ανακατεύετε τα υλικά για τη σάλτσα σάλσα. Ζεσταίνουμε κάθε τορτίγια καλαμποκιού,

προσθέτουμε το μείγμα κοτόπουλου, το μαρούλι, τη σάλτσα σάλσα και τη μοτσαρέλα.

18. Μαλακά τάκος με κοτόπουλο λάιμ

Κάνει: 10 μερίδες

ΣΥΣΤΑΤΙΚΑ:
- 1 ½ κιλό στήθος (σε κύβους)
- 10 τορτίγιες μεγέθους Fajita
- ¼ φλιτζάνι ξύδι από κόκκινο κρασί
- ¼ φλιτζάνι σάλτσα σάλσα
- ½ χυμός λάιμ
- 1 κουταλάκι του γλυκού splenda
- ¼ φλιτζάνι τυρί Monterey Jack (τριμμένο)
- ½ κουταλάκι του γλυκού αλάτι & τριμμένο μαύρο πιπέρι
- 1 ντομάτα σε κύβους
- ½ φλιτζάνι μαρούλι (τριμμένο)
- 2 φρέσκα κρεμμυδάκια & σκελίδες σκόρδο
- 1 κουταλάκι του γλυκού αποξηραμένη ρίγανη

ΟΔΗΓΙΕΣ:
a) Σε μια μέτρια κατσαρόλα σοτάρουμε το στήθος κοτόπουλου σε μέτρια φωτιά για περίπου 15 λεπτά.
b) Προσθέστε λίγο χυμό λάιμ, φρέσκο κρεμμύδι, ξύδι, ρίγανη και άλλα καρυκεύματα, σιγοβράζοντας τα πάντα καλά για 5 λεπτά ακόμη.
c) Ζεσταίνουμε κάθε τορτίγια fajita σε ένα μεγάλο τηγάνι σε μέτρια φωτιά από κάθε πλευρά.
d) Φτιάχνουμε κάθε τορτίγια προσθέτοντας το μείγμα κρέατος κοτόπουλου,

19. Tex Mex Chicken Tacos

Κάνει: 4 μερίδες

ΣΥΣΤΑΤΙΚΑ:

- 8 τορτίγιες καλαμποκιού
- 1 κιλό στήθος κοτόπουλου (κομμάτια)
- $\frac{1}{2}$ φλιτζάνι κρέμα γάλακτος
- $\frac{1}{2}$ φλιτζάνι χυμό πορτοκαλιού
- 1 κουταλάκι του γλυκού άμυλο καλαμποκιού
- $\frac{1}{4}$ φλιτζάνι φρέσκο κόλιανδρο
- 1 φλιτζάνι κατεψυγμένο καλαμπόκι ολόκληρου του πυρήνα
- 1 κουταλάκι του γλυκού φλούδα λάιμ
- 1 πιπεριά jalapeno
- 1 μέτρια γλυκιά κόκκινη πιπεριά
- 3 σκελίδες σκόρδο
- 2 κουταλάκια του γλυκού ελαιόλαδο
- $\frac{1}{4}$ κουταλάκι του γλυκού αλάτι και μαύρο πιπέρι

ΟΔΗΓΙΕΣ:

a) Τοποθετήστε το κρέας κοτόπουλου και τα άλλα υλικά της μαρινάδας σε μια πλαστική σακούλα και τοποθετήστε το στο ψυγείο για 1-2 ώρες. Όταν μαριναριστεί καλά, το στραγγίζουμε και το ψήνουμε σε μέτριο τηγάνι, μέχρι να γίνει τραγανό και τρυφερό.

b) Προσθέστε τις γλυκές πιπεριές, λίγη μαρινάδα και άμυλο καλαμποκιού και μαγειρέψτε τα όλα για 2 λεπτά ακόμη.

c) Ζεστάνετε κάθε τορτίγια στο φούρνο μικροκυμάτων σας για 40 δευτερόλεπτα, μοιράστε το κοτόπουλο μεταξύ τους και προσθέστε λίγη κρέμα γάλακτος, μαρούλι, κρεμμύδια και καρυκεύματα.

20. Τάκος κοτόπουλου με σκληρά τσόφλια και τηγανητά φασόλια

Φτιάχνει: 5 μερίδες

ΣΥΣΤΑΤΙΚΑ:
- 1 φλιτζάνι τριμμένο μεξικάνικο τυρί
- 5 τάκος καλαμποκιού
- 1 κιλό κρέας κοτόπουλου
- 1 πακέτο καρυκεύματα taco
- 1 φλιτζάνι ψιλοκομμένα κρεμμύδια & ντομάτες
- $\frac{3}{4}$ φλιτζάνι νερό & 1 κονσέρβα τηγανητά φασόλια
- 3 ουγγιές φύλλα σπανακιού
- $\frac{1}{2}$ φλιτζάνι σάλτσα σάλσα

ΟΔΗΓΙΕΣ:
a) Ξεκινήστε να κόβετε το κρέας κοτόπουλου και τα κρεμμύδια σε μικρά κομμάτια και στη συνέχεια μαγειρέψτε τα σε ένα μέτριο τηγάνι σε μέτρια φωτιά για 2-3 λεπτά.
b) Προσθέστε τα φύλλα σπανακιού, το νερό και τα καρυκεύματα, αφήστε τα όλα να βράσουν.
c) Ζεσταίνουμε κάθε τορτίγια καλαμποκιού σε φούρνο μικροκυμάτων, προσθέτουμε το μείγμα κοτόπουλου, μερικά ακόμη φύλλα σπανακιού, ντομάτες, τηγανητά φασόλια, σάλτσα σάλσα, τυρί και μερικά καρυκεύματα.

21. Μαλακό τάκος με μήλο και κρεμμύδι με κοτόπουλο

Κάνει: 4 μερίδες

ΣΥΣΤΑΤΙΚΑ:
- 6 τορτίγιες από αλεύρι
- 2 στήθη κοτόπουλου (κύβοι)
- 1 κουταλιά της σούπας βούτυρο
- 1 σκελίδα σκόρδο
- ½ κουταλάκι του γλυκού αλεσμένο μοσχοκάρυδο & μαύρο πιπέρι
- 2 φλιτζάνια μήλα σε φέτες & 1 φλιτζάνι κρεμμύδι σε φέτες
- 4 κουταλιές της σούπας σάλσα μάνγκο
- 1 κουταλιά της σούπας ελαιόλαδο

ΟΔΗΓΙΕΣ:
a) Σε μέτρια φωτιά, ζεσταίνουμε λίγο βούτυρο σε ένα μέτριο τηγάνι.

b) Προσθέστε τα μήλα και τα κρεμμύδια, μαγειρέψτε τα μέχρι να ροδίσουν. Βγάλτε τα μήλα και τα κρεμμύδια και μαγειρέψτε τα στήθη κοτόπουλου σε κυβάκια μέχρι να ψηθούν.

c) Μεταφέρετε τα κρεμμύδια και τα μήλα, το ψιλοκομμένο σκόρδο και τα καρυκεύματα.

d) Γεμίστε κάθε τορτίγια με το μείγμα και λίγη σάλσα μάνγκο.

22. Fajita Chicken Tacos

Κάνει: 1 μερίδα

ΣΥΣΤΑΤΙΚΑ:

- 1 κιλό κρέας κοτόπουλου
- 3 τορτίγιες καλαμποκιού
- $\frac{1}{4}$ κουτάκι τυρί τσένταρ
- 1 κουταλάκι του γλυκού καρύκευμα fajita
- $\frac{1}{4}$ κονσέρβα ντομάτες
- $\frac{1}{4}$ μαρούλι
- 1 κουταλιά της σούπας σάλσα-ήπια

ΟΔΗΓΙΕΣ:

a) Μαγειρέψτε το κομμάτι, το κοτόπουλο και τα καρυκεύματα fajita.

b) Σε ένα μέτριο τηγάνι ζεσταίνουμε κάθε τορτίγια καλαμποκιού, μέχρι να γίνουν τραγανές.

c) Τοποθετήστε 1 κουταλάκι του γλυκού σάλτσα σάλσα πάνω από κάθε τορτίγια, προσθέστε το κοτόπουλο και άλλα λαχανικά.

23. <u>Fiesta Chicken Tacos</u>

Κάνει: 10 μερίδες

ΣΥΣΤΑΤΙΚΑ:

- 1 ½ κιλό στήθος κοτόπουλου
- ½ κουταλιά της σούπας κρεμμύδι & σκόρδο σε σκόνη
- 1 κουτάκι νάτσο σούπας τυριού
- 1 πακέτο καρυκεύματα taco
- 6 κουταλιές της σούπας σάλτσα πράσινου τσίλι
- 4 κουταλιές της σούπας σάλσα

ΟΔΗΓΙΕΣ:

a) Παίρνουμε ένα κατσαρολάκι και προσθέτουμε το στήθος κοτόπουλου. Σε ένα μεσαίο μπολ ανακατεύουμε τα υπόλοιπα υλικά και τα περιχύνουμε με το κοτόπουλο.

b) Ρυθμίστε το χρόνο μαγειρέματος σε 6-8 ώρες σε χαμηλή φωτιά. Ψιλοκόψτε το κοτόπουλο χρησιμοποιώντας ένα μικρό μαχαίρι.

24. Τάκος κοτόπουλου στη σχάρα

ΣΥΣΤΑΤΙΚΑ:

- ½ κιλό μπούτια κοτόπουλου, ξεφλουδισμένα και ξεκοκαλισμένα
- 1 μέτριο κρεμμύδι, ξεφλουδισμένο και κομμένο σε μεγάλες φέτες
- 2 σκελίδες σκόρδο, ψιλοκομμένες
- 1 κουταλιά της σούπας σπόρους κύμινου, ψιλοκομμένους
- 1 κουταλιά της σούπας φυτικό λάδι
- 1 κουταλάκι του γλυκού αλάτι
- ½ κουταλάκι του γλυκού μαύρο πιπέρι
- 8 τορτίγιες

ΟΔΗΓΊΕΣ:

a) Ρυθμίστε το γκριλ σε μέτρια προς υψηλή θερμοκρασία. Σε ένα μεσαίο μπολ ρίχνουμε το κοτόπουλο, τα κρεμμύδια, το σκόρδο, το κύμινο, αλάτι, πιπέρι και το λάδι.

b) Ψήστε το κρεμμύδι και το κοτόπουλο στη σχάρα για τέσσερα λεπτά από κάθε πλευρά ή μέχρι να απανθρακωθούν ελαφρά και να ψηθούν παντού.

c) Αφήστε το κοτόπουλο να κρυώσει για λίγα λεπτά πριν το κόψετε για να το σερβίρετε με αβοκάντο κομμένο σε φέτες, απανθρακωμένο σάλτσα βερντέ ντομάτιλο, κλωνάρια κόλιανδρου, φέτες λάιμ και ραπανάκια κομμένα σε φέτες.

25. Μαλακό τάκος με κοτόπουλο και καλαμπόκι

Κάνει: 5

ΣΥΣΤΑΤΙΚΑ:
- $\frac{1}{2}$ κιλό κοτόπουλο χωρίς κόκαλα, κομμένο σε λεπτές λωρίδες
- 1 φλιτζάνι Salsa
- 25 γραμμάρια καρυκεύματα Taco
- 2 φλιτζάνια λευκό ρύζι
- 10 τορτίγιες από αλεύρι
- $\frac{3}{4}$ φλιτζάνι τριμμένο τυρί
- Πυρήνες καλαμποκιού
- Τριμμένο κόλιανδρο για γαρνίρισμα

ΟΔΗΓΊΕΣ:
a) Σε μέτρια προς δυνατή φωτιά, ζεσταίνουμε λίγο λάδι σε ένα μεγάλο τηγάνι.
b) Προσθέστε το κοτόπουλο και ανακατέψτε το για περίπου 7 λεπτά ή μέχρι να γίνει το κοτόπουλο.
c) Προσθέστε 2 φλιτζάνια νερό, τη σάλτσα και το μείγμα καρυκευμάτων και αφήστε το μείγμα να βράσει.
d) Προσθέτουμε το ρύζι, σκεπάζουμε και το βράζουμε για 5 λεπτά.
e) Ρίχνουμε με κουτάλι το μείγμα πάνω σε τορτίγιες που έχουμε ζεστάνει προηγουμένως και το πασπαλίζουμε γενναιόδωρα με το τυρί τσένταρ.
f) Προσθέστε λίγους κόκκους καλαμποκιού κατά βούληση.
g) Γαρνίρουμε με κόλιανδρο.

26. Rotisserie Chicken Cheddar Taco

Κάνει: 6

ΣΥΣΤΑΤΙΚΑ:
- 3 φλιτζάνια κοτόπουλο ψητό, ψιλοκομμένο ή ψιλοκομμένο
- ½ φλιτζάνι σάλσα
- 2 κουταλιές της σούπας μέλι
- 1 κουταλιά λάιμ
- 2 κουταλιές της σούπας καρύκευμα Taco
- Αλας
- Πιπέρι
- 6 τορτίγιες καλαμποκιού
- Ελαιόλαδο
- Τυρί τσένταρ, τριμμένο

ΟΔΗΓΙΕΣ:
a) Χτυπάμε όλα τα υλικά μαζί εκτός από το κοτόπουλο και το τυρί.
b) Τοποθετήστε το ψιλοκομμένο κοτόπουλο σε ένα δοχείο κατάλληλο για φούρνο μικροκυμάτων και ανακατέψτε με το υπόλοιπο μείγμα.
c) Τοποθετήστε αυτό το δοχείο μέσα στο φούρνο μικροκυμάτων για 2 λεπτά, πάρτε το
d) βγάζετε, ανακατεύετε και επαναλαμβάνετε τη διαδικασία μέχρι να ζεσταθεί σωστά το κοτόπουλο.
e) Ρίξτε λίγο λάδι σε ένα τηγάνι και ζεστάνετε τις τορτίγιες μέχρι να ροδίσουν και από τις δύο πλευρές.
f) Τοποθετούμε το μείγμα του κοτόπουλου εξίσου σε όλες τις τορτίγιες. Πασπαλίζουμε με τριμμένο τυρί και σερβίρουμε με μαρούλι, κεράσι τριμμένο στα τέσσερα
g) ντομάτες, κόλιαντρο και κρέμα γάλακτος.

27. Buffalo Chicken Tacos

Κάνει: 3

ΣΥΣΤΑΤΙΚΑ:
- 1 φλιτζάνι σέλινο (κομμένο σε κύβους)
- 2 φλιτζάνια ψησταριά κοτόπουλο, ψιλοκομμένο
- ½ φλιτζάνι κόκκινη καυτερή σάλτσα με φτερούγες βουβάλου
- 1 κουταλιά της σούπας λάδι
- 6 τορτίγιες καλαμποκιού
- 1 ½ φλιτζάνι μεξικάνικο τυρί (χαρμάνι)
- Άλας

ΟΔΗΓΊΕΣ:
a) Σε ένα μπολ βάζουμε το ψιλοκομμένο κοτόπουλο και το περιχύνουμε με τη σάλτσα Buffalo. Ανακατεύουμε καλά και το ρίχνουμε στο φούρνο μικροκυμάτων να ζεσταθεί.
b) Ρίξτε μια κουταλιά της σούπας λάδι σε ένα τηγάνι και χρησιμοποιώντας τις τορτίγιες,
c) απλώστε ομοιόμορφα το λάδι παντού. Ρίξτε λίγο θαλασσινό αλάτι από τη μία πλευρά
d) από τις τορτίγιες καθώς τις αφήνετε να πάρουν ένα χρυσαφί χρώμα στο
e) επεξεργάζομαι, διαδικασία.
f) Μέσα σε 30 δευτερόλεπτα αναποδογυρίστε κάθε τορτίγια και πασπαλίστε την άλλη πλευρά με λίγο τυρί. Μπορείτε επίσης να χρησιμοποιήσετε κανονικό τυρί τσένταρ. Μόλις λιώσει το τυρί, πασπαλίζουμε με το κοτόπουλο και το σέλινο.
g) Σερβίρετε με μπλε τυρί πασπαλισμένο από πάνω ή λίγη πικάντικη σάλτσα.

28. Μπάρμπεκιου μοσχαρίσιο tacos

Κάνει: 8 μερίδες

ΣΥΣΤΑΤΙΚΑ:
- 1 κιλό άπαχο μοσχαρίσιο κιμά (ή γαλοπούλα)
- ½ φλιτζάνι μεξικάνικο τυρί τριμμένο
- 1 κρεμμύδι σε φέτες & κόκκινη πιπεριά
- 8 τορτίγιες ολικής αλέσεως
- ½ φλιτζάνι σάλτσα μπάρμπεκιου
- 1 ντομάτα σε κύβους

ΟΔΗΓΙΕΣ:
a) Ξεκινήστε το μοσχαρίσιο κρέας, τα κρεμμύδια και τις πιπεριές σε μέτριο λαδωμένο τηγάνι μέχρι να γίνουν καλά, ανακατεύοντας κατά διαστήματα.
b) Προσθέστε τη σάλτσα και μαγειρέψτε τα όλα για 2 λεπτά.
c) Ρίχνετε το μείγμα του κρέατος πάνω από κάθε τορτίγια και ρίχνετε τυρί και ντομάτες πριν το σερβίρετε.

29. Tacos De Barbacoa

Κάνει: 20 μερίδες

ΣΥΣΤΑΤΙΚΑ:
- 4 κιλά βοδινό κρέας
- ¼ φλιτζάνι ξίδι μηλίτη
- 20 τορτίγιες καλαμποκιού
- 3 κουταλιές της σούπας χυμό λάιμ
- ¾ φλιτζάνι ζωμό κότας
- 3-5 τσίλι σε κονσέρβα Chipotle
- 2 κουταλιές της σούπας φυτικό λάδι & 3 φύλλα δάφνης
- 4 σκελίδες σκόρδο & κύμινο
- 3 κουταλάκια του γλυκού μεξικάνικη ρίγανη
- 1 ½ κουταλάκι του γλυκού αλάτι & τριμμένο μαύρο πιπέρι
- ½ κουταλάκι του γλυκού τριμμένο γαρύφαλλο
- κρεμμύδι, κόλιαντρο και λάιμ (ψιλοκομμένα)

ΟΔΗΓΙΕΣ:
a) Ανακατεύουμε σε ένα μεσαίο μπολ τον χυμό λάιμ, τις σκελίδες σκόρδο, το ξύδι μηλίτη και άλλα καρυκεύματα, μέχρι να γίνουν λεία σαν πάστα.
b) Παίρνουμε το κρέας και το ψήνουμε σε λαδωμένο τηγάνι για 5 λεπτά και από τις δύο πλευρές. Προσθέστε το μείγμα από το μπολ πάνω από το κρέας και συνεχίστε να ανακατεύετε καλά.
c) Μετά από 10 λεπτά ακόμα, ενώ τα υλικά έβραζαν, προσθέτουμε το μείγμα στον προθερμασμένο φούρνο. Μαγειρέψτε για περίπου 4-5 ώρες.
d) Σερβίρετε τις τορτίγιες καλαμποκιού με το μείγμα του φούρνου, τα κρεμμύδια, τον κόλιαντρο, τις φέτες λάιμ και άλλα καρυκεύματα.

30. Τραγανό τάκος ελαφιού

Κάνει: 7 μερίδες

ΣΥΣΤΑΤΙΚΑ:
- 1 κιλό αλεσμένο ελάφι
- 21 κοχύλια τάκο
- 2 κουταλιές της σούπας σάλτσα taco
- 1 κονσέρβα Taco Bell ξανατηγανισμένα φασόλια
- 1-2 φλιτζάνια μαρούλι τριμμένο
- 1 κουταλάκι του γλυκού μείγμα καρυκευμάτων τσίλι
- 1 ½ φλιτζάνι τριμμένο τυρί

ΟΔΗΓΙΕΣ:
a) Ξεκινήστε να προθερμαίνετε το φούρνο σας στους 325 βαθμούς Κελσίου και στη συνέχεια ψήστε το αλεσμένο ελάφι σε ένα μέτριο τηγάνι, μέχρι να ροδίσει πολύ.
b) Προσθέστε 2 κουταλιές της σούπας σάλτσα, τα καρυκεύματα και τα ξανατηγανισμένα φασόλια, μαγειρεύοντας μέχρι να ζεσταθούν καλά.
c) Εν τω μεταξύ, ζεστάνετε κάθε τορτίγια στο φούρνο για λίγα λεπτά και στη συνέχεια συνδυάστε με το μαρούλι, τη σάλτσα, το μείγμα κρέατος και λίγο τριμμένο τυρί.

31. Carne Asada Steak Tacos

Κάνει: 12 μερίδες

ΣΥΣΤΑΤΙΚΑ:
- 2 λίβρες πλευρικές μπριζόλες
- 1 κουταλιά της σούπας καρύκευμα κρέατος
- 1 λάιμ χυμό & 1 κουταλάκι του γλυκού κύμινο
- $\frac{1}{2}$ κουταλάκι του γλυκού αλάτι & αλεσμένο πιπέρι
- 2 κουταλιές της σούπας ψιλοκομμένο σκόρδο & 1 πιπέρι καγιέν
- $\frac{1}{2}$ κουταλάκι του γλυκού τσίλι σε σκόνη
- 2 κουταλιές της σούπας φρέσκο κόλιανδρο

ΟΔΗΓΙΕΣ:
a) Κόψτε το λίπος από το κρέας αν χρειάζεται, μετά τοποθετήστε το σε μια μεγάλη σακούλα μαζί με το λάιμ, 2 κουταλιές της σούπας νερό, τα καρυκεύματα και τοποθετήστε το στο ψυγείο για να στρωθούν όλα καλά.

b) Βγάζουμε το κρέας και το ψήνουμε στη σχάρα για 5 λεπτά από κάθε πλευρά. Ξεκινήστε να ετοιμάζετε τις τορτίγιες, προσθέτοντας τα λαχανικά, το ψητό κρέας και μερικά καρυκεύματα.

32. **Κρέπα τάκος με ρεβύθια με μοσχαρίσιο κρέας και μελιτζάνα**

Κάνει: 4

ΣΥΣΤΑΤΙΚΑ:
- 2 ¼ κούπες αλεύρι ρεβιθιού
- ¼ φλιτζάνι απλό γιαούρτι
- 2 ½ κουταλάκια του γλυκού αλάτι (μοιρασμένο)
- 3 ½ κουταλιές της σούπας ελαιόλαδο
- ¼ κιλό μοσχαρίσιο κρέας (αλεσμένος)
- 1 ½ κουταλάκι του γλυκού κύμινο (αλεσμένο)
- ¼ κουταλάκι του γλυκού νιφάδες κόκκινης πιπεριάς (θρυμματισμένες)
- 1 κιλό μελιτζάνα και τις κόβουμε σε κύβους 1" σε μέγεθος
- 3 σκελίδες σκόρδο (κομμένες σε λεπτές φέτες)
- ¼ κούπας σταφίδες (χρυσές)
- ¼ φλιτζάνι κόκκινο κρασί
- 15 ουγγιές ντομάτες (κομμένες σε κύβους)
- ¼ φλιτζανιού κουκουνάρι (καβουρντισμένο)

ΟΔΗΓΊΕΣ:
a) Σε ένα μεσαίο μπολ, χτυπήστε ελαφρά το αλεύρι ρεβιθιού μαζί με το γιαούρτι, 1 ¼ κουταλάκι του γλυκού αλάτι και νερό (2 φλιτζάνια και 1 κουταλιά της σούπας) και αφήστε το στην άκρη.

b) Σε μέτρια δυνατή φωτιά, σε ένα μεγάλο τηγάνι, ζεσταίνουμε 1 κουταλιά της σούπας λάδι. Προσθέστε το μοσχαρίσιο κρέας, την κόκκινη πιπεριά, το κύμινο και ¼ κουταλάκι του γλυκού αλάτι στο τηγάνι για να ψήσετε το μοσχαράκι.

c) Φροντίστε να σπάτε και να ανακατεύετε συχνά το μοσχαράκι για να μην σβολιάσει. Καθώς το μοσχαράκι αρχίζει να ροδίζει, (μετά από περίπου 4 λεπτά) αφαιρέστε το κρέας και τα μπαχαρικά από το τηγάνι και τοποθετήστε το σε ένα μεσαίο μπολ.

d) Ζεσταίνουμε 2 κουταλιές της σούπας λάδι στο τηγάνι, πριν προσθέσουμε τη μελιτζάνα και το υπόλοιπο αλάτι. Ψήνουμε τη μελιτζάνα για 5 λεπτά ή μέχρι να ροδίσει από όλες τις πλευρές.

e) Τώρα προσθέτουμε το σκόρδο και ανακατεύουμε κατά διαστήματα μέχρι να πάρει ένα ανοιχτό καφέ χρώμα.

f) Προσθέστε τις σταφίδες και το κρασί για να ψηθεί το μείγμα. Θυμηθείτε να ανακατεύετε συνεχώς, για ένα λεπτό, ώστε το μείγμα να ζεσταθεί ομοιόμορφα.

g) Προσθέστε τις ντομάτες σε κύβους (με χυμό), το μείγμα αρνιού, το κουκουνάρι και το $\frac{1}{4}$

h) φλιτζάνι νερό. Ανακατεύουμε και χαμηλώνουμε τη φωτιά σε μέτρια φωτιά ώστε το μείγμα

i) μπορεί να σιγοβράσει. Ανακατεύετε κατά διαστήματα. Σε περίπου 15 λεπτά, καθώς εξατμίζονται οι περισσότεροι χυμοί, κλείνουμε τη φωτιά.

j) Ανακατέψτε το υπόλοιπο λάδι σε ένα αντικολλητικό τηγάνι 8 ιντσών, σκουπίστε το με μια χαρτοπετσέτα για να μείνει μόνο μια γυαλάδα λαδιού στο τηγάνι και ζεσταίνετε το σε μέτρια υψηλή.

k) Χτυπώντας το μείγμα του αλευριού, ρίξτε περίπου το ένα τρίτο της κούπας στο τηγάνι.

l) Στριφογυρίζουμε για να καλύψουμε τελείως το τηγάνι με το κουρκούτι, για να κάνουμε μια κρέπα, μαγειρεύοντας και τις δύο πλευρές μέχρι να ροδίσουν. Βγάζουμε την κρέπα από το τηγάνι και επαναλαμβάνουμε τη διαδικασία με το υπόλοιπο κουρκούτι.

m) Ρίχνουμε με κουτάλι τη γέμιση αρνιού πάνω στις τηγανίτες.
n) Σερβίρουμε με πράσινα λαχανικά, γιαούρτι και φέτες λεμονιού.

33. Μπριζόλα Tacos και Salsa

Κάνει: 4

ΣΥΣΤΑΤΙΚΑ:
- 2 κουταλιές της σούπας ελαιόλαδο, χωρισμένες
- ½ κιλό μπριζόλα στο πλάι
- Αλας
- Μαύρο πιπέρι
- ½ φλιτζάνι φύλλα κόλιανδρου
- 4 ραπανάκια κομμένα και ψιλοκομμένα
- 2 φρέσκα κρεμμυδάκια, κομμένα σε λεπτές φέτες
- ½ jalapeño, αφαιρούνται οι σπόροι και ψιλοκομμένοι
- 2 κουταλιές της σούπας χυμό λάιμ
- 8 τορτίγιες καλαμποκιού

ΟΔΗΓΊΕΣ:
a) Αλατοπιπερώνουμε τη μπριζόλα και ψήνουμε κάθε πλευρά σε ένα τηγάνι σε δυνατή φωτιά.
b) Ρίχνουμε το ελαιόλαδο στο τηγάνι και ψήνουμε κάθε πλευρά για περίπου 5-8 λεπτά. Αφήστε το να ξεκουραστεί για άλλα πέντε λεπτά.
c) Ψιλοκόψτε το μισό κόλιανδρο και περιχύστε με ραπανάκια, jalapenos, κρεμμύδια, χυμό λάιμ και 1 κουταλιά της σούπας ελαιόλαδο. Καρυκεύουμε με αλάτι, πιπέρι και σάλτσα.
d) Κόψτε τη μπριζόλα, τοποθετήστε σε κάθε τορτίγια μαζί με ένα μέρος από το μείγμα λαχανικών.
e) Σερβίρουμε με τυρί queso fresco και τον υπόλοιπο κόλιαντρο.

34. Μοσχαρίσιος κιμάς τάκος

Κάνει: 4

ΣΥΣΤΑΤΙΚΑ:
- 8 τορτίγιες καλαμποκιού
- 750 γραμμάρια μοσχαρίσιο κιμά
- 4 κουταλιές της σούπας καρύκευμα taco
- 1 φλιτζάνι μαρούλι iceberg, ψιλοκομμένο
- 1 φλιτζάνι ντοματίνια, κομμένα στη μέση
- ½ κόκκινο κρεμμύδι, ψιλοκομμένο
- 1 αβοκάντο, κομμένο σε φέτες

ΟΔΗΓΊΕΣ:
a) Σε ένα τηγάνι, μαγειρέψτε μοσχαρίσιο κιμά και καρυκεύματα τάκο μαζί, για
b) περίπου 7 λεπτά σε μέτρια φωτιά για να ψηθεί το κρέας
c) διά μέσου. Στραγγίστε για να αφαιρέσετε το υπερβολικό λίπος.
d) Ζεσταίνουμε τις τορτίγιες και τις συναρμολογούμε χρησιμοποιώντας ίσες μερίδες μείγματος βοείου κρέατος και από πάνω ρίχνουμε μαρούλι, ντομάτες, κρεμμύδι και αβοκάντο. Σερβίρουμε με φέτες λάιμ.

35. Pan Tacos με κιμά και λευκό ρύζι

Κάνει: 4

ΣΥΣΤΑΤΙΚΑ:

- ½ κιλό μοσχάρι
- 1 κουταλάκι του γλυκού κύμινο
- 1 κουταλιά της σούπας τσίλι σε σκόνη
- 2 φλιτζάνια λευκό ρύζι
- 1 φλιτζάνι τυρί, τριμμένο
- 2 φλιτζάνια νερό
- 8 τορτίγιες σιταριού
- Αλας

ΟΔΗΓΊΕΣ:

a) Ροδίζουμε το κρέας σε ένα μεγάλο τηγάνι για περίπου 10 λεπτά. Στραγγίστε για να
b) αφαιρέστε τυχόν γράσο.
c) Προσθέστε τα μπαχαρικά, ανακατέψτε για 30 δευτερόλεπτα πριν προσθέσετε νερό. Φροντίστε να είναι σε δυνατή φωτιά για να βράσει γρήγορα. Προσθέστε το ρύζι και το τυρί. Σκεπάζουμε και αφήνουμε να σιγοβράσει σε μέτρια φωτιά για 5 λεπτά.
d) Στραγγίστε, όσο χρειάζεται, για να αφαιρέσετε το επιπλέον λάδι και νερό.
e) Συναρμολογήστε τοποθετώντας ίσες μερίδες σε κάθε τορτίγια, προσθέστε τριμμένο μαρούλι και ψιλοκομμένες ντομάτες για να σερβίρετε.

36. Tacos με Χάμπουργκερ που περισσεύουν

Κάνει: 4

ΣΥΣΤΑΤΙΚΑ:
- 250 γραμμάρια χάμπουργκερ
- 1 φλιτζάνι νερό
- 1 πακέτο καρυκεύματα taco
- 8 τορτίγιες καλαμποκιού

ΟΔΗΓΊΕΣ:
a) Προσθέστε το χάμπουργκερ (ή το υποκατάστατο) σε ένα τηγάνι και το ζεστάνετε σε μέτρια φωτιά μέχρι να ροδίσει και να ζεσταθεί.

b) Προσθέστε το άρτυμα τάκο και το νερό και μαγειρέψτε για 5 λεπτά ώστε να είναι έτοιμο για σερβίρισμα.

c) Όταν το κρέας ψηθεί καλά, συναρμολογήστε τάκος χρησιμοποιώντας κρέας και λαχανικά κομμένα σε κύβους όπως ντομάτες, κρεμμύδια και μαρούλι. Σερβίρουμε με φέτες λάιμ και τριμμένο τυρί για επικάλυψη.

37. Βοδινό τάκος σε στυλ Buffalo

Κάνει: 4 μερίδες

ΣΥΣΤΑΤΙΚΑ:
- 1 κιλό μοσχαρίσιος κιμάς (95% άπαχο)
- ¼ φλιτζάνι σάλτσα πιπεριού καγιέν για φτερά Buffalo
- 8 κοχύλια taco
- 1 φλιτζάνι μαρούλι σε λεπτές φέτες
- ¼ φλιτζανιού με μειωμένα λιπαρά ή κανονικό έτοιμο ντρέσινγκ μπλε τυριού
- ½ φλιτζάνι τριμμένο καρότο
- ⅓ φλιτζάνι ψιλοκομμένο σέλινο
- 2 κουταλιές της σούπας φρέσκο κόλιανδρο ψιλοκομμένο
- Μπαστούνια καρότου και σέλινου ή κλωναράκια κόλιανδρου

ΟΔΗΓΊΕΣ:
a) Ζεσταίνουμε το μεγάλο αντικολλητικό τηγάνι σε μέτρια φωτιά μέχρι να ζεσταθεί.
b) Προσθέστε κιμά μοσχαρίσιο? μαγειρέψτε για 8 έως 10 λεπτά, σπάζοντας σε μικρά κομμάτια και ανακατεύοντας περιστασιακά. Βγάζουμε από το τηγάνι με τρυπητή κουτάλα. χύστε σταγόνες.
c) Επιστροφή στο τηγάνι. ανακατεύουμε με σάλτσα πιπεριάς. Μαγειρέψτε και ανακατέψτε για 1 λεπτό ή μέχρι να ζεσταθεί.
d) Εν τω μεταξύ, ζεστάνετε τα κελύφη taco σύμφωνα με τις οδηγίες της συσκευασίας.
e) Ρίξτε ομοιόμορφα το μείγμα βοείου κρέατος σε κελύφη taco. Προσθέστε μαρούλι? περιχύνουμε με ντρέσινγκ.
f) Γεμίστε ομοιόμορφα με καρότο, σέλινο και κόλιανδρο. Γαρνίρετε με μπαστουνάκια καρότου και σέλινου ή κλωναράκια κόλιανδρου, αν θέλετε.

38. Περιτυλίγματα τάκο βοείου κρέατος

Κάνει: 4 μερίδες

ΣΥΣΤΑΤΙΚΑ:
- $\frac{3}{4}$ κιλό ψητό μοσχάρι ντελικατέσεν σε λεπτές φέτες
- $\frac{1}{2}$ φλιτζάνι ντιπ μαύρου φασολιού χωρίς λιπαρά
- 4 μεγάλες (διαμέτρου περίπου 10 ιντσών) τορτίγιες από αλεύρι
- 1 φλιτζάνι μαρούλι σε λεπτές φέτες
- $\frac{3}{4}$ φλιτζάνι ψιλοκομμένη ντομάτα
- 1 φλιτζάνι (4 ουγγιές) τριμμένο με μειωμένα λιπαρά καρυκευμένο τυρί taco
- Salsa

ΟΔΗΓΊΕΣ:
a) Απλώστε ομοιόμορφα το ντιπ μαύρου φασολιού στη μία πλευρά κάθε τορτίγιας. Στρώστε το ψητό μοσχαρίσιο κρέας πάνω από το ντιπ φασολιών, αφήνοντας περίγραμμα $\frac{1}{2}$ ίντσας γύρω από τις άκρες.
b) Πασπαλίστε ίσες ποσότητες μαρούλι, ντομάτα και τυρί πάνω από κάθε τορτίγια.
c) Διπλώστε τη δεξιά και την αριστερή πλευρά προς το κέντρο, επικαλύπτοντας τις άκρες. Διπλώνουμε την κάτω άκρη της τορτίγιας πάνω από τη γέμιση και τυλίγουμε σε ρολό κλειστή.
d) Κόβουμε κάθε ρολό στη μέση. Σερβίρετε με σάλτσα, αν θέλετε.

39. Μοσχαρίσιο τάκος στη σχάρα Carnitas

Κάνει: 6 μερίδες

ΣΥΣΤΑΤΙΚΑ:

- 4 μοσχαρίσιες Flat Iron μπριζόλες (περίπου 8 ουγγιές η καθεμία)
- 18 μικρές τορτίγιες καλαμποκιού (διαμέτρου 6 έως 7 ιντσών)

ΤΟΠΙΝΓΚ:

- Λευκό κρεμμύδι ψιλοκομμένο, φρέσκο κόλιανδρο ψιλοκομμένο, φέτες λάιμ

ΜΑΡΙΝΑΔΑ:

- 1 φλιτζάνι έτοιμη σάλσα ντοματίλιο
- ⅓ φλιτζάνι ψιλοκομμένο φρέσκο κόλιανδρο
- 2 κουταλιές της σούπας φρέσκο χυμό λάιμ
- 2 κουταλάκια του γλυκού ψιλοκομμένο σκόρδο
- ½ κουταλάκι του γλυκού αλάτι
- ¼ κουταλάκι του γλυκού πιπέρι
- 1-½ φλιτζάνι έτοιμη σάλτσα ντομάτιλο
- 1 μεγάλο αβοκάντο, κομμένο σε κύβους
- ⅔ φλιτζάνι φρέσκο κόλιανδρο ψιλοκομμένο
- ½ φλιτζάνι ψιλοκομμένο λευκό κρεμμύδι
- 1 κουταλιά της σούπας φρέσκο χυμό λάιμ
- 1 κουταλάκι του γλυκού ψιλοκομμένο σκόρδο
- ½ κουταλάκι του γλυκού αλάτι

ΟΔΗΓΙΕΣ:

α) Συνδυάστε τα υλικά της μαρινάδας σε ένα μικρό μπολ. Τοποθετήστε τις μοσχαρίσιες μπριζόλες και τη μαρινάδα σε πλαστική σακούλα ασφαλή για τρόφιμα. μετατρέψτε τις μπριζόλες σε παλτό. Κλείστε καλά τη σακούλα και μαρινάρετε στο ψυγείο για 15 λεπτά έως 2 ώρες.

b) Αφαιρέστε τις μπριζόλες από τη μαρινάδα. Πετάξτε τη μαρινάδα. Τοποθετήστε τις μπριζόλες σε σχάρα πάνω από μέτρια, καλυμμένα με στάχτη κάρβουνα. Ψήστε, σκεπασμένο, για 10 έως 14 λεπτά για μέτρια σπάνια (145°F) έως μέτρια (160°F) ετοιμότητα, γυρίζοντάς τα περιστασιακά.

c) Εν τω μεταξύ ανακατέψτε τα υλικά σάλσας αβοκάντο σε ένα μεσαίο μπολ. Αφήνω στην άκρη.

d) Τοποθετήστε τις τορτίγιες στο πλέγμα. Ψήστε στο γκριλ μέχρι να ζεσταθεί και να λιώσει ελαφρά. Αφαιρώ; διατηρούμαι ζεστός.

e) Χαράζουμε τις μπριζόλες σε φέτες. Σερβίρουμε σε τορτίγιες με σάλσα αβοκάντο. Συμπληρώστε με κρεμμύδι, κόλιανδρο και φέτες λάιμ, όπως θέλετε.

40. Μικροσκοπικές τάρτες μοσχαριού Taco

Φτιάχνει: 30 μικροσκοπικές τάρτες

ΣΥΣΤΑΤΙΚΑ:
- 12 ουγγιές μοσχαρίσιος κιμάς (95% άπαχο)
- ½ φλιτζάνι ψιλοκομμένο κρεμμύδι
- 1 σκελίδα σκόρδο, ψιλοκομμένη
- ½ φλιτζάνι έτοιμη ήπια ή μέτρια σάλτσα taco
- ½ κουταλάκι του γλυκού αλεσμένο κύμινο
- ¼ κουταλάκι του γλυκού αλάτι
- ⅛ κουταλάκι του γλυκού πιπέρι
- 30 κοχύλια φύλλου
- ½ φλιτζάνι τριμμένο μείγμα μεξικάνικου τυριού με μειωμένα λιπαρά
- Επικαλύψεις: τριμμένο μαρούλι, ντοματίνια ή ντοματίνια σε φέτες, γκουακαμόλε, κρέμα γάλακτος με χαμηλά λιπαρά, ώριμες ελιές κομμένες σε φέτες

ΟΔΗΓΊΕΣ:
a) Προθερμάνετε το φούρνο στους 350°F. Ζεσταίνουμε το μεγάλο αντικολλητικό τηγάνι σε μέτρια φωτιά μέχρι να ζεσταθεί.
b) Προσθέστε κιμά, το κρεμμύδι και το σκόρδο σε μεγάλο αντικολλητικό τηγάνι σε μέτρια φωτιά για 8 με 10 λεπτά, κόβοντας το βόειο κρέας σε μικρά κομμάτια και ανακατεύοντας περιστασιακά. Ρίξτε τις σταγόνες, εάν χρειάζεται.
c) Προσθέστε σάλτσα taco, κύμινο, αλάτι και πιπέρι. μαγειρέψτε και ανακατέψτε για 1 με 2 λεπτά ή μέχρι να ζεσταθεί το μείγμα.
d) Τοποθετήστε τα κοχύλια φύλλου σε φύλλο ψησίματος με στεφάνη. Ρίχνετε το μείγμα του βοείου κρέατος ομοιόμορφα

σε κελύφη. Περιχύνουμε ομοιόμορφα με τυρί. Ψήστε για 9 με 10 λεπτά ή μέχρι να γίνουν τραγανά τα κελύφη και το τυρί να λιώσει.

e) Από πάνω τάρτες με μαρούλι, ντομάτες, γουακαμόλε, κρέμα γάλακτος και ελιές, κατά βούληση.

41. One Pot Cheesy Taco Skillet

Φτιάχνει: 30 μικροσκοπικές τάρτες

ΣΥΣΤΑΤΙΚΑ:
- 1 κιλό άπαχο μοσχαρίσιο κιμά
- 1 μεγάλο κίτρινο κρεμμύδι, κομμένο σε κύβους
- 2 μέτρια κολοκυθάκια, κομμένα σε κύβους
- 1 κίτρινη πιπεριά κομμένη σε κύβους
- 1 πακέτο καρυκεύματα taco
- 1 κονσέρβα ντομάτες σε κύβους με πράσινο τσίλι
- 1 $\frac{1}{2}$ φλιτζάνι τριμμένο τυρί cheddar ή Monterey jack
- Πράσινα κρεμμυδάκια για γαρνίρισμα
- Τορτίγια μαρούλι, ρύζι, αλεύρι ή καλαμπόκι για το σερβίρισμα

ΟΔΗΓΙΕΣ:
a) Ζεσταίνουμε το μεγάλο αντικολλητικό τηγάνι σε μέτρια φωτιά μέχρι να ζεσταθεί. Προσθέστε κιμά, κρεμμύδι, κολοκυθάκια και κίτρινη πιπεριά. μαγειρέψτε για 8 έως 10 λεπτά, σπάζοντας σε μικρά κομμάτια και ανακατεύοντας περιστασιακά. Ρίξτε τις σταγόνες εάν χρειάζεται.

b) Προσθέστε καρυκεύματα τάκο, $\frac{3}{4}$ φλιτζάνι νερό και κομμένες ντομάτες. Χαμηλώνουμε τη φωτιά και σιγοβράζουμε για 7 με 10 λεπτά.

c) Περιχύνουμε με τριμμένο τυρί και φρέσκα κρεμμυδάκια. Μην ανακατεύετε.

d) Όταν λιώσει το τυρί, σερβίρετε πάνω από ένα κρεβάτι με μαρούλι, ρύζι ή σε τορτίγιες από αλεύρι ή καλαμπόκι!

42. Φούστα Steak Street Tacos

Φτιάχνει: 6 tacos

ΣΥΣΤΑΤΙΚΑ:
- 1 μπριζόλα φούστας, κομμένη σε μερίδες 4 έως 6 ιντσών, σε λεπτές λωρίδες
- 12 τορτίγιες καλαμποκιού έξι ιντσών
- ½ κουταλάκι του γλυκού αλάτι
- ¼ κουταλάκι του γλυκού πιπέρι καγιέν
- ½ κουταλάκι του γλυκού σκόνη σκόρδου
- ½ κουταλάκι του γλυκού ψιλοκομμένο σκόρδο
- 1 κουταλάκι λάδι
- 1 φλιτζάνι κρεμμύδι ψιλοκομμένο
- ½ φλιτζάνι φύλλα κόλιανδρου, χοντροκομμένα
- 2 φλιτζάνια κόκκινο λάχανο σε λεπτές φέτες
- Βινεγκρέτ Cilantro Lime:
- ¾ φλιτζάνι φύλλα κόλιανδρου
- Χυμός από 2 λάιμ
- ⅓ φλιτζάνι ελαιόλαδο
- 4 κουταλάκια του γλυκού ψιλοκομμένο σκόρδο
- ¼ φλιτζάνι λευκό ξύδι
- 4 κουταλάκια του γλυκού ζάχαρη
- ¼ φλιτζάνι γάλα
- ½ φλιτζάνι κρέμα γάλακτος

ΟΔΗΓΊΕΣ:
α) Ζεσταίνουμε το λάδι σε μέτρια φωτιά. Αλατοπιπερώνετε την κομμένη μπριζόλα με αλάτι, πιπέρι καγιέν και σκόνη σκόρδου. Προσθέστε τη μπριζόλα στο τηγάνι και σοτάρετε μέχρι να ψηθεί (8 με 10 λεπτά). Προσθέστε το σκόρδο και σοτάρετε για 1 με 2 λεπτά ακόμα μέχρι να μυρίσει το σκόρδο. Αποσύρουμε από τη φωτιά και κόβουμε τη μπριζόλα.

b) Χτυπάμε όλα τα υλικά για τη βινεγκρέτ. Προσθέστε το μείγμα σε ένα μπλέντερ και χτυπήστε μέχρι να ομογενοποιηθεί, περίπου 1 με 2 λεπτά.

c) Γεμίστε τις ζεστασμένες τορτίγιες καλαμποκιού (χρησιμοποιήστε δύο ανά τάκο) με μπριζόλα, κρεμμύδι, ψιλοκομμένο κόλιαντρο και λάχανο. Περιχύστε με βινεγκρέτ και σερβίρετε.

43. Πουέρτο Ρίκο Τάκο

ΣΥΣΤΑΤΙΚΑ:
- Κοχύλια τάκο καλαμποκιού
- Τυρί
- Μαγειρευτό μοσχαρίσιο κιμά
- A Γλυκά κίτρινα πλατάνια (μαγειρεμένα και κομμένα σε κομμάτια)

ΟΔΗΓΙΕΣ:

a) Τοποθετήστε δύο μεγάλες κουταλιές μοσχαρίσιο κιμά στην τορτίγια σας.
b) Προσθέστε δύο κομμάτια plantain στην τορτίγια σας.
c) Βάλτε λίγο τυρί από πάνω, και είναι έτοιμο για κατανάλωση!
d) Απολαμβάνω!

44. Κρεατώδη κατσαρόλα Taco

ΣΥΣΤΑΤΙΚΑ:

- 1 κιλό μοσχαρίσιο κιμά
- 1 κρεμμύδι, ψιλοκομμένο
- 1 (10 ουγκιά) μπορεί σάλτσα enchilada ή salsa
- 1 (8 ουγκιές) κουτάκι σάλτσα ντομάτας
- 1 (15 ουγγιές) κουτί μαύρα φασόλια, ξεπλυμένα και στραγγισμένα
- 1 φλιτζάνι κατεψυγμένο καλαμπόκι
- 1 (8-10 μετρήσεις) κονσέρβα μπισκότα ψυγείου με μειωμένα λιπαρά
- 1 φλιτζάνι τριμμένο μεξικάνικο τυρί με μειωμένα λιπαρά
- ⅓ φλιτζάνι φρέσκα κρεμμυδάκια ψιλοκομμένα

ΟΔΗΓΙΕΣ:

a) Προθερμάνετε το φούρνο στους 350°F.

b) Επικαλύψτε ταψί 13 x 9 x 2 ιντσών με αντικολλητικό μαγειρικό σπρέι.

c) Σε ένα μεγάλο αντικολλητικό τηγάνι, μαγειρέψτε το κρέας και το κρεμμύδι μέχρι να γίνει το κρέας. στραγγίστε το περιττό λίπος.

d) Ανακατεύουμε τη σάλτσα enchilada ή salsa, τη σάλτσα ντομάτας και τα μαύρα φασόλια και το καλαμπόκι, ανακατεύοντας καλά. Κόψτε τα μπισκότα στα τέταρτα.

e) Ανακατέψτε το μείγμα λαχανικών στο μείγμα του κρέατος και μετά μεταφέρετέ το στο ταψί. Ανακατεύουμε τελευταία τα κομμάτια του μπισκότου.

f) Ψήνουμε 25 λεπτά. Το βγάζουμε από το φούρνο, το πασπαλίζουμε με τυρί και φρέσκα κρεμμυδάκια. Επιστρέψτε το ταψί στο φούρνο και ψήστε 5-7 λεπτά ακόμα ή μέχρι να λιώσει το τυρί.

45. Μοσχαρίσιο κόλιανδρο Taco

ΣΥΣΤΑΤΙΚΑ:
- 1 συσκευασία μαλακές τορτίγιες καλαμποκιού ή σιταριού
- 2 κουταλιές της σούπας τσίλι σε σκόνη
- 1 κουταλιά της σούπας αλεσμένο κύμινο
- ½ κουταλάκι του γλυκού πιπέρι καγιέν
- 2 κουταλάκια του γλυκού αλάτι kosher
- 2 κουταλιές της σούπας φυτικό λάδι
- 1 μεγάλο λευκό κρεμμύδι, ψιλοκομμένο
- 16 ουγγιές μοσχαρίσιος κιμάς
- 2 σκελίδες σκόρδο, ψιλοκομμένες
- ⅔ φλιτζάνι ζωμό βοδινού
- Μεξικάνικο μείγμα τριμμένο τυρί, για γεύση
- Όλη φυσική ξινή κρέμα, για γεύση
- 1 μεγάλη ντομάτα, αφαιρούνται οι σπόροι, ψιλοκομμένη
- ¼ φλιτζάνι φύλλα φρέσκου κόλιανδρου, ψιλοκομμένα

ΟΔΗΓΙΕΣ:
a) Συνδυάστε τη σκόνη τσίλι, το κύμινο, το πιπέρι καγιέν και το αλάτι σε ένα μικρό βάζο και ανακινήστε να ενωθούν. Αφήνω στην άκρη. Ζεσταίνουμε το λάδι σε ένα μεγάλο τηγάνι από χυτοσίδηρο σε μέτρια προς δυνατή φωτιά.
b) Όταν το λάδι γυαλίσει, σοτάρετε το μισό από το ψιλοκομμένο κρεμμύδι μέχρι να γίνει διάφανο και να αρχίσει να ροδίζει, περίπου 3 με 4 λεπτά.
c) Προσθέστε τον κιμά και το σκόρδο και μαγειρέψτε μέχρι να ροδίσουν, περίπου 3 με 4 λεπτά. Προσθέστε ένα βάζο με συνδυασμένα μπαχαρικά και ζωμό βοδινού. Ανακατεύουμε να ενωθούν.
d) Αφήνουμε να σιγοβράσει και μαγειρεύουμε μέχρι να πήξει, περίπου 2 με 3 λεπτά.
e) Μόλις πήξει η σάλτσα χαμηλώνουμε τη φωτιά.

f) Συνδυάστε το κρατημένο ψιλοκομμένο κρεμμύδι, την ψιλοκομμένη ντομάτα και τον ψιλοκομμένο κόλιαντρο. Τοποθετήστε σε μικρό μπολ.

g) Συναρμολογήστε τα tacos τοποθετώντας μια μικρή ποσότητα τυριού στο κέντρο μιας τορτίγιας και στη συνέχεια προσθέστε λίγο ζεστό μείγμα κρέατος/σάλτσας για να λιώσει το τυρί.

h) Περιχύνουμε με μείγμα κρεμμυδιού-ντομάτας-κόλιανδρου και μια κουταλιά κρέμα γάλακτος. Τυλίξτε και απολαύστε!

46. Σούπα ντομάτας μοσχαρίσιο tacos

Κάνει: 24 μερίδες

ΣΥΣΤΑΤΙΚΑ:

- 2 κιλά μοσχαρίσιος κιμάς
- ½ φλιτζάνι πράσινη πιπεριά ψιλοκομμένη
- 1 κονσέρβα Ζωμός βοδινού
- 1 κουτάκι ντοματόσουπα
- 2 κουταλιές της σούπας πιπεριές κεράσι ψιλοκομμένες
- 24 κοχύλια Taco
- 1 τυρί τσένταρ τριμμένο
- 1 θρυμματισμένη υποδοχή Monterey
- 1 κρεμμύδι ψιλοκομμένο
- 1 Μαρούλι τριμμένο
- 1 ντομάτα κομμένη σε κύβους

ΟΔΗΓΙΕΣ:

a) Στο τηγάνι, ροδίζουμε το μοσχάρι και μαγειρεύουμε την πράσινη πιπεριά μέχρι να μαλακώσουν. ανακατεύουμε να χωριστεί το κρέας.

b) Προσθέστε τις σούπες και τις πιπεριές κεράσι. Μαγειρέψτε σε χαμηλή φωτιά για 5 λεπτά. ανακατεύουμε κατά διαστήματα.

c) Γεμίστε κάθε κέλυφος taco με 3-4 κουταλιές της σούπας μείγμα κρέατος. από πάνω το καθένα με τα υπόλοιπα υλικά.

47. Αρνί ψητό με μαλακό τάκος

Κάνει: 1 μερίδα

ΣΥΣΤΑΤΙΚΑ:
- 1 κιλό κομμένο μπούτι αρνιού χωρίς κόκαλα. ή μπριζόλες κόντρα φιλέτο
- 3 σκελίδες σκόρδο? πουρές
- $1\frac{1}{2}$ ίντσα κομμάτι φρέσκο τζίντζερ. ξεφλουδισμένα και ψιλοκομμένα
- $\frac{1}{2}$ φλιτζάνι ήπιο ζελέ ή μαρμελάδα jalapeno
- 4 τορτίγιες από αλεύρι
- Salsa για γαρνίρισμα

ΟΔΗΓΙΕΣ:
a) Κόψτε το αρνί σε φέτες $\frac{1}{2}$ ίντσας. αφήνω στην άκρη. Συνδυάστε το σκόρδο, το τζίντζερ και το ζελέ.
b) Απλώστε το μείγμα τζίντζερ σε κάθε φέτα αρνιού.
c) Εν τω μεταξύ, προθερμάνετε μια εξωτερική σχάρα, ψησταριά ή ένα βαρύ, καρυκευμένο τηγάνι σε μέτρια προς υψηλή.
d) Για να μαγειρέψετε, χωρίστε τις φέτες αρνιού και τοποθετήστε τις στη σχάρα ή στο τηγάνι. σοτάρετε για δύο με τρία λεπτά ανά πλευρά, μέχρι να γίνει μέτρια.
e) Εν τω μεταξύ, ζεστάνετε τις τορτίγιες σε μια πλαστική σακούλα στο φούρνο μικροκυμάτων για ένα λεπτό ή για λίγο πάνω από μια εστία.
f) Μοιράζουμε τη γέμιση στις τορτίγιες και τυλίγουμε κάθε τορτίγια γύρω από τη γέμιση. Σερβίρετε με ένα μπολ σάλσα, αν θέλετε.

48. Ψητό χοιρινό τάκος και σάλτσα παπάγιας

Κάνει: 5 μερίδες

ΣΥΣΤΑΤΙΚΑ:
- 1 Παπάγια; ξεφλουδισμένο, με σπόρους, κομμένο σε κύβους $\frac{1}{2}$ ίντσας
- 1 μικρό κόκκινο τσίλι? σπόρους και ψιλοκομμένους
- $\frac{1}{2}$ φλιτζάνι Κόκκινο κρεμμύδι? ψιλοκομμένο
- $\frac{1}{2}$ φλιτζάνι κόκκινη πιπεριά? ψιλοκομμένο
- $\frac{1}{2}$ φλιτζάνι φρέσκα φύλλα μέντας. ψιλοκομμένο
- 2 κουταλιές της σούπας χυμό λάιμ
- $\frac{1}{4}$ κιλά χοιρινό ψητό στο κέντρο της οσφυϊκής χώρας χωρίς κόκαλα. κομμένο σε λωρίδες
- $\frac{1}{2}$ φλιτζάνι φρέσκια παπάγια? ψιλοκομμένο
- $\frac{1}{2}$ φλιτζάνι φρέσκος ανανάς. ψιλοκομμένο
- 10 τορτίγιες αλευριού, ζεστασμένες
- $1\frac{1}{2}$ φλιτζάνι τυρί Monterey Jack? ψιλοκομμένο (6 oz)
- 2 κουταλιές της σούπας μαργαρίνη ή βούτυρο. λειωμένο

ΟΔΗΓΙΕΣ:
a) Μαγειρέψτε το χοιρινό σε τηγάνι 10 ιντσών σε μέτρια φωτιά για περίπου 10 λεπτά, ανακατεύοντας περιστασιακά, μέχρι να μην είναι πλέον ροζ. διοχετεύω.
b) Προσθέστε παπάγια και ανανά. Ζεσταίνουμε, ανακατεύοντας κατά διαστήματα, μέχρι να ζεσταθεί. Προθερμάνετε το φούρνο στους 425 F.
c) Ρίξτε με κουτάλι περίπου $\frac{1}{4}$ φλιτζάνι από το μείγμα χοιρινού κρέατος στη μισή από κάθε τορτίγια. προσθέτουμε περίπου 2 κουταλιές της σούπας από το τυρί.
d) Διπλώνουμε τις τορτίγιες από τη γέμιση. Τοποθετήστε πέντε από τις γεμισμένες τορτίγιες σε ένα ταψί με ρολό ζελέ

χωρίς λαδόκολλα, 15 ½ x 10 ½ x 1 ίντσας. αλείφουμε με λιωμένη μαργαρίνη.

e) Ψήνουμε ακάλυπτα για περίπου 10 λεπτά ή μέχρι να ροδίσουν. Επαναλάβετε με τα υπόλοιπα tacos. Σερβίρουμε με Papaya Salsa.

49. Τριμμένο χοιρινό τάκος

Κάνει: 12 μερίδες

ΣΥΣΤΑΤΙΚΑ:
- ½ κιλό χοιρινό ψητό
- 12 μαλακά σπιτικά τάκος
- 1 φλιτζάνι κρεμμύδια σε φέτες
- ½ φλιτζάνι ψιλοκομμένες ντομάτες & 1 αβοκάντο
- 1 κονσέρβα ντομάτες & 2-3 chiles jalapeno
- ½ φλιτζάνι σάλτσα κρέμας
- 1 τσίλι ancho & 1 φλιτζάνι νερό
- 1 φλιτζάνι τριμμένο μαρούλι
- ½ κουταλάκι του γλυκού αλάτι & πιπέρι
- 1 φλιτζάνι τριμμένο τυρί τσένταρ

ΟΔΗΓΙΕΣ:
a) Πάρτε μια μεγάλη κατσαρόλα και προσθέστε το ψιλοκομμένο χοιρινό κρέας, τα λαχανικά, το νερό και τα καρυκεύματα, μαγειρεύοντας για 20 λεπτά ανακατεύοντας κατά διαστήματα. Αφαιρέστε τα λαχανικά και το κρέας κοτόπουλου από το υγρό μαγειρέματος και ψιλοκόψτε τα σε μικρά κομμάτια.
b) Συναρμολογήστε τις σπιτικές τορτίγιες με μαρούλι, χοιρινό κρέας, λαχανικά, σάλτσα ξινή κρέμα, τριμμένο τυρί, ντομάτες σε κύβους και αβοκάντο.

50. Taco χοιρινό και αυγά

Κάνει: 5-6

ΣΥΣΤΑΤΙΚΑ:
- 10 τορτίγιες
- Χοιρινά λουκάνικα πλήρως μαγειρεμένα (1 πακέτο)
- 3 αυγά
- ½ φλιτζάνι τυρί τσένταρ, χοντροκομμένο
- 1 αβοκάντο, κομμένο σε φέτες
- Αλας
- Πιπέρι

ΟΔΗΓΙΕΣ:
a) Χτυπάμε τα αυγά με αλάτι και πιπέρι και τα βράζουμε σε δυνατή φωτιά.
b) Φροντίστε να μαγειρέψετε και τις δύο πλευρές για περίπου ένα λεπτό η καθεμία.
c) Ζεσταίνουμε τα λουκάνικα σύμφωνα με τις οδηγίες στο μενού πακέτων.
d) Θα μπορούσατε επίσης να αντικαταστήσετε τα λουκάνικα με οποιαδήποτε άλλη πρωτεϊνική τροφή έχετε στο σπίτι, συμπεριλαμβανομένων των υπολειμμάτων κρέατος, κοτόπουλου ή λαχανικών.
e) Αφαιρούμε τα αυγά και ζεσταίνουμε τις τορτίγιες. Κλείστε τη φωτιά και απλώς χρησιμοποιήστε τη θερμότητα από την ακόμα καυτή ζώνη για να το κάνετε.
f) Κόψτε το αυγό σε φέτες ανάλογα με τον αριθμό των τορτίγιας και βάλτε ένα κομμάτι αυγό, λουκάνικο, αβοκάντο, τυρί και γαρνίρισμα της αρεσκείας σας. Μπορείτε επίσης να προσθέσετε μπέικον και χας μπράουν.
g) Σερβίρουμε με λάιμ και σάλσα.

51. Χοιρινό Carnitas Tacos

Κάνει: 8

ΣΥΣΤΑΤΙΚΑ:

- 1½ κιλό χοιρινό κομμένο στην σπάλα, κομμένο σε κομμάτια 1 ½ ίντσας
- ½ κιλό χοιρινή κοιλιά, κομμένη σε μικρά κομμάτια
- 1 φλιτζάνι ζωμός κοτόπουλου
- 1 κουταλιά της σούπας αλάτι
- 1 κουταλάκι του γλυκού μαύρο πιπέρι
- 8 τορτίγιες καλαμποκιού

ΟΔΗΓΙΕΣ:

a) Βράζουμε τη χοιρινή σπάλα, τη χοιρινή κοιλιά, αλάτι και πιπέρι σε μια μεγάλη κατσαρόλα. Σιγοβράζω
b) για τουλάχιστον δύο ώρες ή έως ότου το χοιρινό είναι αρκετά τρυφερό για να τεμαχιστεί εύκολα.
c) Μειώστε το υγρό για δέκα λεπτά πριν αφαιρέσετε την κατσαρόλα.
d) Τοποθετούμε το μισό βρασμένο χοιρινό (και τους χυμούς) σε ένα μεγάλο τηγάνι και το ψήνουμε σε δυνατή φωτιά μέχρι να αρχίσει να ροδίζει το χοιρινό στο δικό του λίπος. Μόλις το χοιρινό αρχίσει να ροδίζει και να γίνει τραγανό, το βγάζουμε από το τηγάνι. Επαναλάβετε τη διαδικασία με το υπόλοιπο χοιρινό.
e) Τοποθετήστε το χοιρινό σε μια τορτίγια, γαρνίρετε με λαχανικά της επιλογής σας, όπως αβοκάντο σε φέτες, ψιλοκομμένο λάχανο, κρεμμύδια, κολοκυθάκια, πιπεριές, λάιμ και σάλτσα.

52. Taco Truck Tacos

Κάνει: 4 μερίδες

ΣΥΣΤΑΤΙΚΑ:
- 1½ κιλό χοιρινή σπάλα (τριμμένη)
- 2 λάιμ
- 12 τορτίγιες καλαμποκιού
- 1 ματσάκι κόλιανδρο
- ½ φλιτζάνι ψιλοκομμένα κρεμμύδια
- Ραπανάκια, αβοκάντο & φρέσκες ντομάτες

ΟΔΗΓΙΕΣ:
a) Σε ένα μέτριο τηγάνι αρχίστε να ροδίζετε το κρέας που ήταν προηγουμένως καρυκευμένο με κύμινο, αλάτι και πιπέρι.

b) Όταν τελειώσετε, ζεστάνετε τις τορτίγιες και από τις δύο πλευρές και από πάνω το κρέας, τα κρεμμύδια, το αβοκάντο, τις ντομάτες και λίγο χυμό λάιμ.

53. Tacos με ψητό Kielbasa

Κάνει: 4

ΣΥΣΤΑΤΙΚΑ:
- 1 κόκκινο κρεμμύδι (κομμένο σε 4 κομμάτια)
- 2 πιπεριές (κόκκινες και κομμένες κατά μήκος. Αφαιρούμε τους σπόρους)
- 1 ματσάκι κρεμμυδάκια
- 3 κουταλιές της σούπας ελαιόλαδο
- Αλας
- Πιπέρι
- ⅓ φλιτζάνι χυμό λάιμ
- 750 γραμμάρια λουκάνικο kielbasa, κομμένο στη μέση κάθετα
- 8 τορτίγιες καλαμποκιού
- κόλιαντρο

ΟΔΗΓΙΕΣ:
a) Ρίξτε το κρεμμύδι, τις πιπεριές και το κρεμμύδι μαζί με το λάδι σε μια σχάρα που έχει ρυθμιστεί σε μέτρια δυνατή φωτιά.
b) Αλατοπιπερώνετε και ψήνετε μέχρι τα λαχανικά να πάρουν μια ελαφρώς απανθρακωμένη όψη.
c) Θυμηθείτε όμως να αφαιρέσετε τα κρεμμύδια μετά από 2 λεπτά!
d) Τα κατεβάζετε από τη φωτιά και τα αφήνετε να κρυώσουν.
e) Κόψτε το κρεμμύδι σε φέτες μήκους 1 ίντσας και ρίξτε το χυμό λάιμ. Ομοίως, αφαιρέστε τη φλούδα από τις πιπεριές, κόψτε τις σε φέτες μήκους 1 ίντσας και τοποθετήστε τις σε ξεχωριστό μπολ. Τα κρεμμύδια πρέπει να τοποθετηθούν σε διαφορετική πιατέλα.

f) Ψήνετε τα λουκάνικα για περίπου 5 λεπτά το καθένα και τα βάζετε με τα κρεμμύδια.
g) Ψήστε τις τορτίγιες για να δώσουν μια ελαφρώς απανθρακωμένη όψη.
h) Στοιβάζετε όλα τα υλικά σε κάθε τορτίγια και σερβίρετε με καυτερή σάλτσα και φρέσκο λάιμ για στύψιμο.

54. Tacos Picadillo

Κάνει: 1 μερίδα

ΣΥΣΤΑΤΙΚΑ:

- ½ φλιτζάνι Σταφίδες
- ¼ φλιτζάνι τεκίλα
- ½ κιλά Λουκάνικο χύμα χοιρινό
- ½ κιλά κιμάς μοσχαρίσιος
- 1 μέτριο κρεμμύδι, ψιλοκομμένο
- 3 σκελίδες σκόρδο, ψιλοκομμένες
- 1 κονσέρβα (14 ½ oz) ολόκληρες ντομάτες, κομμένες, ΑΣΤΡΑΓΓΙΣΜΕΝΕΣ
- 1 κονσέρβα (4 oz) πράσινες πιπεριές τσίλι κομμένες σε κύβους, στραγγισμένες
- 2 κουταλιές της σούπας Ζάχαρη
- 1 κουταλάκι του γλυκού τριμμένη κανέλα
- ¼ κουταλάκι του γλυκού αλεσμένο κύμινο
- 1 παύλα Αλεσμένα γαρίφαλα
- 12 τορτίγιες 7 ιντσών με αλεύρι
- ⅓ φλιτζάνι πεκάν, ψιλοκομμένα
- Τριμμένο μαρούλι, προαιρετικά

ΟΔΗΓΙΕΣ:

a) Σε μια μικρή κατσαρόλα ανακατεύουμε τις σταφίδες και την τεκίλα. Φέρτε σε βρασμό. αφαιρέστε από τη φωτιά. Αφήστε να σταθεί για 5 λεπτά.

b) Για τη γέμιση: Σε ένα μεγάλο τηγάνι βράζουμε το λουκάνικο, το μοσχάρι, το κρεμμύδι και το σκόρδο σε μέτρια φωτιά μέχρι να ροδίσει το κρέας. Στραγγίστε το λίπος. Προσθέτουμε τις σταφίδες που δεν έχουν στραγγίξει, τις ντομάτες, τις πράσινες πιπεριές τσίλι, τη ζάχαρη, την κανέλα, το κύμινο και το γαρύφαλλο.

c) Φέρτε σε βρασμό. μειώστε τη θερμότητα. Σιγοβράζουμε, ακάλυπτα για περίπου 30 λεπτά ή μέχρι να εξατμιστούν τα περισσότερα υγρά.

d) Εν τω μεταξύ, τυλίξτε τις τορτίγιες σε αλουμινόχαρτο. Ζεσταίνουμε σε φούρνο 350 για 10 λεπτά ή μέχρι να ζεσταθεί. Ανακατέψτε τα πεκάν στο μείγμα κρέατος.

e) Για να σερβίρετε, βάλτε τις ζεστές τορτίγιες με μαρούλι και μετά γεμίστε. Διπλώστε ή τυλίξτε σε ρολό.

55. Χοιρινό tacos, στυλ Καλιφόρνιας

Κάνει: 6 μερίδες

ΣΥΣΤΑΤΙΚΑ:
- 2 λίβρες χοιρινό φιλέτο
- 6 Πράσινα κρεμμυδάκια
- 12 μικρές τορτίγιες από φρέσκο καλαμπόκι
- 1 ματσάκι κόλιανδρο? αφαιρούνται μεγάλοι μίσχοι
- Γκουακαμόλε
- 1 φλιτζάνι κρέμα γάλακτος
- 1 φλιτζάνι Πικάντικη Κόκκινη Σάλσα
- 1 φλιτζάνι πράσινη σάλσα Χιλής

ΓΙΑ ΤΗ ΜΑΡΙΝΑΔΑ
- $\frac{1}{2}$ φλιτζάνι φρεσκοστυμμένο χυμό πορτοκαλιού
- 2 κουταλιές της σούπας φρεσκοστυμμένο χυμό λάιμ
- 1 κουταλάκι του γλυκού ψιλοκομμένη φρέσκια ρίγανη
- $\frac{1}{4}$ κουταλάκι του γλυκού Κύμινο
- $\frac{1}{2}$ κουταλάκι του γλυκού Μαντζουράνα
- $\frac{1}{2}$ κουταλάκι του γλυκού Αλάτι
- $\frac{1}{4}$ κουταλάκι του γλυκού Μαύρο πιπέρι ψιλοτριμμένο

ΟΔΗΓΙΕΣ:
a) Συνδυάστε τα υλικά της μαρινάδας σε ένα μεσαίο μπολ.
b) Χτυπάμε μέχρι να ομογενοποιηθούν. Τοποθετούμε το χοιρινό σε ένα ρηχό μη αλουμινένιο σκεύος και το περιχύνουμε με μαρινάδα. Μαρινάρετε για 6 έως 12 ώρες, στο ψυγείο.
c) Κόψτε το πράσινο μέρος του κρεμμυδιού, κάνοντας 2 σχισμές μέχρι εκεί που αρχίζει το λευκό μέρος. Αυτό θα δώσει στα κρεμμύδια ένα σχήμα βεντάλιας.

d) Προθερμαίνουμε τον φούρνο στους 350 βαθμούς. Προθερμάνετε το τηγάνι γκριλ σε μέτρια-υψηλή φωτιά. Ψήστε το χοιρινό κρέας για 15 έως 20 λεπτά από κάθε πλευρά ή μέχρι η εσωτερική θερμοκρασία να φτάσει τους 160 βαθμούς.

e) Αλείφουμε τα πράσινα κρεμμυδάκια με τη μαρινάδα και τα ψήνουμε στη σχάρα για περίπου 3 λεπτά από κάθε πλευρά. Αφαιρέστε το κρέας και τα κρεμμύδια από τη σχάρα, κόψτε το κρέας σε μικρά κομμάτια και κρατήστε το.

f) Τυλίγουμε τις τορτίγιες σε αλουμινόχαρτο και τις ζεσταίνουμε στο φούρνο για περίπου 10 λεπτά.

g) Διατηρήστε το ζεστό κατά την προετοιμασία των πιάτων. Στις εξωτερικές άκρες των μεμονωμένων πιάτων σερβιρίσματος, τοποθετήστε μερικά κλωνάρια κόλιαντρο, μια μεγάλη κούκλα Guacamole και μια μεγάλη κούκλα κρέμα γάλακτος.

h) Τοποθετήστε 2 ζεστές τορτίγιες στο πλάι κάθε πιάτου και απλώστε το κρέας και τα ψητά κρεμμύδια στο κέντρο.

i) Περάστε πικάντικες κόκκινες και πράσινες σάλτσες Χιλής σε ξεχωριστά μπολ.

j) Σερβίρετε αμέσως.

56. Μέλι-Cilantro Γαρίδες Soft Tacos

Κάνει: 4 μερίδες

ΣΥΣΤΑΤΙΚΑ:
- 8 τορτίγιες
- 1 κουταλάκι του γλυκού φυτικό λάδι
- ½ κουταλιά της σούπας αλάτι και πιπέρι
- 1 μεγάλο κρεμμύδι & 1 jalapeno
- 3 πιπεριές
- 2 κουταλάκια του γλυκού κόλιανδρο & κύμινο
- 2-4 σκελίδες σκόρδο
- 4 κουταλιές της σούπας φρέσκο κόλιανδρο & μέλι
- 1 ½ κιλό γαρίδες κοκτέιλ

ΟΔΗΓΙΕΣ:
a) Μαγειρέψτε τις γαρίδες, το jalapeno, το κρεμμύδι, τις πιπεριές, τα καρυκεύματα και το σκόρδο σε ένα μέτριο τηγάνι μέχρι να μαλακώσουν.

b) Σε ένα γυάλινο μπολ, ανακατέψτε το φρέσκο κόλιαντρο και το μέλι, μέχρι να σχηματιστεί ένα λείο μείγμα.

c) Ρίξτε ένα κουτάλι το μείγμα πάνω από κάθε τορτίγια. προσθέστε τις γαρίδες και λίγη σάλτσα σάλσα.

57. Baja Fish Tacos

Κάνει: 4 μερίδες

ΣΥΣΤΑΤΙΚΑ:

- 1 ½ κιλό αποψυγμένα φρέσκα φιλέτα τιλάπιας
- 4 μέτριες τορτίγιες ολικής αλέσεως
- 1 κουταλιά της σούπας φρέσκο κόλιανδρο
- 1 κρεμμύδι, αβοκάντο και ντομάτα (όλα ψιλοκομμένα)
- 2 κουταλάκια του γλυκού καρυκεύματα taco
- 2 φλιτζάνια λαχανοσαλάτα
- 1 λεμόνι (χυμός)

ΟΔΗΓΙΕΣ:

a) Ψιλοκόβουμε τα λαχανικά και κόβουμε το λάχανο σε μικρά κομμάτια.

b) Αφού αλατοπιπερώσετε τα φιλέτα τιλάπιας με καρύκευμα τάκο, μαγειρέψτε τα σε λαδωμένο αντικολλητικό τηγάνι για 5-6 λεπτά.

c) Μαγειρέψτε σιγά σιγά το ψάρι και από τις δύο πλευρές και προσθέστε μερικά κρεμμύδια, το χυμό λεμονιού και τις ντομάτες.

d) Ζεσταίνουμε κάθε τορτίγια για 1 λεπτό στο φούρνο μικροκυμάτων και μετά προσθέτουμε τα φιλέτα ψαριού, τα λαχανικά, το λάχανο, τον κόλιανδρο και τη σάλσα.

58. Tacos με γαρίδες

Φτιάχνει: 5 μερίδες

ΣΥΣΤΑΤΙΚΑ:
- 1 κιλό γαρίδες καθαρισμένες
- 10 τορτίγιες καλαμποκιού
- $\frac{1}{2}$ φλιτζάνι κρέμα γάλακτος
- 1 κουταλιά της σούπας καρυκεύματα & 1 πιπεριά
- 2 λάιμ (για χυμό)
- $\frac{1}{2}$ φλιτζάνι μωβ λάχανο ψιλοκομμένο
- 2 κουταλιές της σούπας παρθένο ελαιόλαδο

ΟΔΗΓΙΕΣ:
a) Συνδυάστε το chipotle, το μισό χυμό λάιμ και την κρέμα γάλακτος σε ένα μικρό μπολ μέχρι να σχηματιστεί μια λεία πάστα.
b) Σε ένα προθερμασμένο τηγάνι ξεκινήστε, μαγειρέψτε τις ξεφλουδισμένες γαρίδες με μερικά καρυκεύματα.
c) Ζεσταίνουμε κάθε τάκο και τα σερβίρουμε με τριμμένο λάχανο, κρέμα chipotle, τηγανητές γαρίδες και σάλτσα.

59. Tacos ψαριού με κόλιανδρο και Chipotle Mayo

Κάνει: 4 μερίδες

ΣΥΣΤΑΤΙΚΑ:
- 1 κιλό φιλέτα ψαριού τιλάπια
- 4 τορτίγιες από αλεύρι
- $\frac{1}{2}$ φλιτζάνι φρέσκο χυμό λάιμ
- 2 φλιτζάνια μείγμα λαχανοσαλάτας 3 χρωμάτων
- $\frac{1}{4}$ φλιτζάνι μαγιονέζα
- 1 chipotle τσίλι εμποτισμένο με σάλτσα adobo
- 1 φλιτζάνι ψιλοκομμένα φύλλα φρέσκου κόλιανδρου
- 1 αβοκάντο & 1 ντομάτα σε κύβους
- 1 κουταλιά της σούπας σάλτσα adobo από πιπεριές chipotle
- $\frac{1}{4}$ κουταλάκι του γλυκού αλάτι & πιπέρι καγιέν
- αλάτι και αλεσμένο μαύρο πιπέρι

ΟΔΗΓΙΕΣ:
a) Ρίξτε το χυμό λάιμ πάνω από κάθε φιλέτο ψαριού τιλάπια και κρατήστε τα στο ψυγείο για 4 ώρες.
b) Ξεκινήστε την προετοιμασία του ντρέσινγκ μαγιονέζας chipotle ανακατεύοντας τη σάλτσα adobo, το πιπέρι καγιέν, τα τσίλι, $\frac{1}{4}$ κουταλάκι του γλυκού αλάτι και τη μαγιονέζα σε ένα μέτριο μπολ, ανακατεύοντας τα πάντα.
c) Βγάζετε το ψάρι από το ψυγείο και το σοτάρετε για 2-3 λεπτά σε λαδωμένο μέτριο τηγάνι.
d) Απλώστε 1 κουταλιά της σούπας σάλτσα chipotle σε κάθε τορτίγια, προσθέστε το μαγειρεμένο ψάρι, τα λαχανικά και τα καρυκεύματα.

60. Γαρίδες στη σχάρα και τάκος μαύρα φασόλια

Κάνει: 6 μερίδες

ΣΥΣΤΑΤΙΚΑ:
- 1 κιλό γαρίδες καθαρισμένες
- 12 τορτίγιες καλαμποκιού
- 2 κουταλιές της σούπας τσίλι σε σκόνη
- 1 ½ κουταλιά της σούπας στυμμένο χυμό λάιμ
- 1 φλιτζάνι μαύρα φασόλια
- Πίκο ντε Γκάλο
- ½ κουταλάκι του γλυκού παρθένο ελαιόλαδο
- ¼ κουταλάκι του γλυκού αλάτι
- 6 Σουβλάκια

ΟΔΗΓΙΕΣ:
a) Προθερμάνετε τη σχάρα σας και στη συνέχεια ετοιμάστε τη σάλτσα, ζεσταίνοντας τα μαύρα φασόλια, το χυμό λάιμ, τη σκόνη τσίλι και το αλάτι σε ένα μέτριο τηγάνι.
b) Όταν σχηματιστεί μια λεία πάστα, ετοιμάστε τα σουβλάκια γαρίδας. Πρέπει να τηγανιστούν για περίπου 1-2 λεπτά και από τις δύο πλευρές, μετά αλείψτε κάθε γαρίδα και ψήστε τες για άλλα 2 λεπτά.
c) Φτιάξτε την τορτίγια σας, προσθέτοντας τις γαρίδες, τη σάλτσα και τα καρυκεύματα.

61. Μαυρισμένα Cabo Fish Tacos

Κάνει: 4 μερίδες

ΣΥΣΤΑΤΙΚΑ:
- $1\frac{1}{2}$ κιλό λευκό ψάρι & 8 ουγγιές μαρινάδα ψαριού
- 12 τορτίγιες καλαμποκιού
- $\frac{3}{4}$ λίβρα ασιατική σλάβα
- 9 κουταλιές της σούπας κρέμα γάλακτος λάιμ
- 4 ουγγιές βούτυρο
- 7 κουταλιές της σούπας chipotle aioli
- 7 κουταλιές της σούπας Pico de Gallo
- 2 κουταλιές της σούπας μπαχαρικό μαύρο πιπέρι
- Chipotle Aioli
- $\frac{3}{4}$ φλιτζάνι μαγιονέζα
- 1 κουταλάκι του γλυκού χυμό λάιμ
- 1 κουταλιά της σούπας μουστάρδα
- Αλάτι Kosher & αλεσμένο μαύρο πιπέρι
- 2 πιπεριές chipotle

ΟΔΗΓΙΕΣ:
a) Σε μια μέτρια κατσαρόλα, αρχίστε να λιώνετε το ανάλατο βούτυρο, προσθέτετε το μαριναρισμένο άσπρο ψάρι, πασπαλίζετε με λίγο μπαχαρικό μαύρο πιπέρι και τα τηγανίζετε για 2 λεπτά και από τις δύο πλευρές.
b) Ζεσταίνουμε κάθε τορτίγια και από τις δύο πλευρές, προσθέτουμε το τηγανητό κοτόπουλο, τη σάλτσα chipotle aioli, λίγα Pico de Gallo, λίγη ασιατική σαλάτα και μερικά καρυκεύματα.

62. Πικάντικο Tacos με γαρίδες

Φτιάχνει: 2 μερίδες

ΣΥΣΤΑΤΙΚΑ:
- 4 τορτίγιες με χαμηλούς υδατάνθρακες
- 4 κουταλιές της σούπας σάλτσα μάνγκο
- 16 μεγάλες γαρίδες
- 1 κουταλιά της σούπας φρέσκο κόλιανδρο ψιλοκομμένο
- 1 φλιτζάνι μαρούλι Romaine
- ½ φλιτζάνι τυρί τσένταρ
- 4 κουταλάκια του γλυκού σάλτσα τσίλι
- ½ φλιτζάνι σοταρισμένα κρεμμύδια
- Χυμός από 1 λάιμ

ΟΔΗΓΙΕΣ:
a) Ξεκινήστε με τις γαρίδες μαρινάροντάς τες και σουβλίζοντας τες στη σάλτσα siracha για 5 λεπτά.
b) Ανάβουμε τη σχάρα και ψήνουμε τα κρεμμύδια για λίγα λεπτά, μέχρι να ψηθούν καλά.
c) Απλώστε κάθε τορτίγια και από πάνω προσθέστε κρέμα γάλακτος, γαρίδες, μαρούλι, τριμμένο τυρί, ψητά κρεμμύδια και άλλα καρυκεύματα.

63. Τιλάπια Τάκος

Κάνει: 1 μερίδα

ΣΥΣΤΑΤΙΚΑ:
- 1 κιλό φιλέτο ψαριού Tilapia
- 2 λευκές τορτίγιες καλαμποκιού
- $\frac{1}{2}$ αβοκάντο σε φέτες
- $\frac{1}{4}$ κουταλάκι του γλυκού ελαιόλαδο
- 1 ντομάτα
- 1 λευκό κρεμμύδι
- 1 χυμός λάιμ
- 1 χούφτα κόλιαντρο

ΟΔΗΓΙΕΣ:
a) Σε προθερμασμένο φούρνο ξεκινήστε να ψήνετε τις τορτίγιες και το φιλέτο ψαριού τιλάπια και από τις δύο πλευρές, αλλά καρυκεύστε το ψάρι με λίγο ελαιόλαδο, αλάτι και πιπέρι. Σε ένα μεσαίο μπολ ανακατεύουμε την ντομάτα, το χυμό λάιμ, το κρεμμύδι και τα καρυκεύματα.

b) Τοποθετήστε μια ωραία στρώση από ψιλοκομμένο ψάρι πάνω από κάθε τορτίγια, προσθέστε το μείγμα από το μπολ, το αβοκάντο σε φέτες και μετά τοποθετήστε το υπόλοιπο ψάρι στην κορυφή.

64. Μοχίτο-Τάκος ψαριού στη σχάρα με γαρνιτούρα λάιμ

Κάνει: 8 μερίδες

ΣΥΣΤΑΤΙΚΑ:
- 8 τορτίγιες καλαμποκιού
- 2 κουταλιές της σούπας χυμό λάιμ
- 2 κουταλιές της σούπας κιμά φύλλα μέντας
- 1 κιλό σφιχτό λευκό ψάρι (ιππόγλωσσα, snapper ή μπακαλιάρος)
- 1 κουταλιά της σούπας λάδι κανόλα
- 1 φρέσκο jalapeno chile
- ½ κουταλάκι του γλυκού αλάτι & 1 κουταλάκι του γλυκού ζάχαρη
- Lime Slaw
- 2 κουταλιές της σούπας λεπτό
- ½ φλιτζάνι μαγιονέζα με χαμηλά λιπαρά
- 1 ½ φλιτζάνι λάχανο τριμμένο
- 1 κουταλιά της σούπας φρέσκο χυμό λάιμ

ΟΔΗΓΙΕΣ:
a) Ξεκινήστε να συνδυάζετε το ψάρι και τα υλικά της μαρινάδας και μετά το βάζετε στο ψυγείο για 3 λεπτά. Όταν τελειώσετε, βγάζετε το ψάρι και αρχίζετε να το ψήνετε και από τις δύο πλευρές, μέχρι να γίνει ωραίο και σφιχτό.

b) Για την προετοιμασία της σαλάτας λάιμ, προσθέστε το λάχανο, τη μαγιονέζα, το χυμό λάιμ και τη μέντα σε ένα μέτριο μπολ, ανακατεύοντας τα πάντα καλά.

c) Τοποθετήστε το ψάρι σε κάθε τορτίγια, προσθέστε μερικές κουταλιές σοκολάτας και λαχανικά.

65. Τάκος ψαριού στη σχάρα με σάλτσα κόλιανδρου

Φτιάχνει: 2 μερίδες

ΣΥΣΤΑΤΙΚΑ:
ΣΑΛΤΣΑ
- ¼ φλιτζάνι φρέσκα κρεμμυδάκια & κόλιαντρο
- 2 ½ κουταλιές της σούπας μαγιονέζα
- 3 κουταλιές της σούπας κρέμα γάλακτος
- 2 λάιμ (χυμός)
- ½ κουταλάκι του γλυκού αλάτι, πιπέρι & 1 σκελίδα σκόρδο

ΨΑΡΙ
- 2 κιλά κόκκινες μπριζόλες
- 4 τορτίγιες καλαμποκιού
- 2 ½ κουτάκια λάχανο
- 1 κουταλιά της σούπας αλεσμένο κύμινο & κόλιανδρο
- ½ κουταλάκι του γλυκού κόκκινο πιπέρι, πάπρικα & σκόρδο αλάτι

ΟΔΗΓΙΕΣ:
a) Ξεκινήστε να συνδυάζετε τα υλικά της σάλτσας κόλιανδρου σε ένα μεσαίο μπολ και μετά αφήστε το στην άκρη.
b) Για το ψάρι, το αλατοπιπερώνετε με λίγη σκόνη σκόρδου, κύμινο, πάπρικα, κόλιανδρο και κόκκινο πιπέρι, ψήνοντάς το για 5 λεπτά και από τις δύο πλευρές.
c) Μόλις γίνει το ψάρι, το κόβουμε κατά μήκος και το τοποθετούμε πάνω σε τορτίγιες, προσθέτουμε το λάχανο και 1 κουταλιά της σούπας σάλτσα κόλιανδρου.

66. Υγιεινά τάκος ψαριών

ΣΥΣΤΑΤΙΚΑ:

- 1 κιλό λευκά νιφάδες ψάρια, όπως το mahi mahi
- ¼ φλιτζάνι λάδι κανόλα
- 1 λάιμ, χυμό
- 1 κουταλιά της σούπας άνκο τσίλι σε σκόνη
- 1 jalapeno, χοντροκομμένο
- ¼ φλιτζάνι ψιλοκομμένα φύλλα φρέσκου κόλιανδρου
- 8 τορτίγιες από αλεύρι
- Ψιλοκομμένο λευκό λάχανο
- Καυτή σάλτσα
- Κρέμα ή κρέμα γάλακτος
- Κόκκινο κρεμμύδι σε λεπτές φέτες
- Πράσινο κρεμμύδι σε λεπτές φέτες
- Ψιλοκομμένα φύλλα κόλιανδρου

ΟΔΗΓΙΕΣ:

a) Προθερμάνετε το γκριλ σε μέτρια προς υψηλή. Τοποθετούμε το ψάρι σε ένα πιάτο και προσθέτουμε λάδι, χυμό λάιμ, jalapeno, ancho και κόλιανδρο. Ανακατεύουμε καλά να καλυφθεί το ψάρι και το αφήνουμε να μαριναριστεί για 20 λεπτά.

b) Αφαιρέστε το ψάρι από τη μαρινάδα και ψήστε το με τη σάρκα προς τα κάτω. Ψήστε στη σχάρα για 4 λεπτά, στη συνέχεια αναποδογυρίστε και ψήστε για 30 δευτερόλεπτα έως ένα λεπτό.

c) Αφήστε το να ξεκουραστεί για 5 λεπτά πριν ξεφλουδίσετε με ένα πιρούνι.

d) Ψήστε τις τορτίγιες για 20 δευτερόλεπτα.

e) Μοιράζουμε το ψάρι σε κάθε τάκος και γαρνίρουμε με λάχανο, κρεμμύδια, κόλιανδρο.

f) Περιχύστε με καυτερή σάλτσα και προσθέστε τη σάλτσα της επιλογής σας.

67. Tacos γαρίδας Cajun με σάλσα ντοματίλιο

Κάνει: 8 μερίδες

ΣΥΣΤΑΤΙΚΑ:
- 2 φλιτζάνια κρέμα γάλακτος
- 2 κουταλάκια του γλυκού τσίλι σε σκόνη
- ½ κουταλάκι του γλυκού πιπέρι καγιέν
- ¾ κιλά ντομάτες, αφαιρούνται οι φλοιοί, ξεπλένονται, κόβονται στα τέσσερα
- ½ φλιτζάνι πράσινο μήλο χωρίς φλούδα χοντροκομμένο
- 2 κουταλιές της σούπας φρέσκος βασιλικός χοντροκομμένος
- 2 κουταλιές της σούπας φρέσκος δυόσμος χοντροκομμένος
- 1 ½ κουταλάκι του γλυκού τσίλι σε σκόνη
- 1 ½ κουταλάκι του γλυκού πάπρικα
- 2 κιλά Άψητες μέτριες γαρίδες, αποφλοιωμένες, ξεφλουδισμένες
- 2 κουταλιές της σούπας ελαιόλαδο
- 1 κουταλιά της σούπας ψιλοκομμένο σκόρδο
- 16 Αγορασμένα κοχύλια taco
- 1 μεγάλο Ματσάκι νεροκάρδαμο, κομμένο
- 2 Αβοκάντο, ξεφλουδισμένα, χωρίς κουκούτσι, κομμένα σε κύβους

ΟΔΗΓΙΕΣ:
ΓΙΑ ΞΥΝΗ ΚΡΕΜΑ:
a) Χτυπάμε όλα τα υλικά σε μέτριο μπολ να αναμειχθούν. Αλατοπιπερώνουμε.
ΓΙΑ SALSA:
b) Ψιλοκόβουμε τις ντομάτες, το μήλο, τον βασιλικό και τον δυόσμο στο πολυμίξερ.

c) Μεταφέρετε σε μικρό μπολ. Αλατοπιπερώνουμε κατά βούληση.

ΓΙΑ ΓΑΡΙΔΕΣ:

d) Συνδυάστε τη σκόνη τσίλι και την πάπρικα σε μεγάλο μπολ. Προσθέστε γαρίδες? πετάξει στο παλτό.

e) Αφήστε να σταθεί 5 λεπτά. Ζεσταίνουμε το λάδι σε βαρύ μεγάλο τηγάνι σε δυνατή φωτιά.

f) Προσθέστε το σκόρδο και σοτάρετε μέχρι να μυρίσει, περίπου 1 λεπτό. Προσθέστε γαρίδες? σοτάρουμε μέχρι να γίνει αδιαφανές στο κέντρο, περίπου 5 λεπτά.

g) Αλατοπιπερώνουμε. Μεταφέρετε σε ένα μικρό μπολ.

h) Προθερμάνετε το φούρνο στους 350°F. Τοποθετήστε τα κοχύλια taco σε βαρύ μεγάλο ταψί. Ψήστε μέχρι να ζεσταθεί, περίπου 8 λεπτά. Τοποθετήστε τα κοχύλια σε καλάθι με επένδυση από χαρτοπετσέτα.

i) Τοποθετήστε το μισό κάρδαμο σε πιατέλα.

j) Από πάνω βάζουμε γαρίδες. Ψιλοκόψτε το υπόλοιπο νεροκάρδαμο. Τοποθετήστε σε μικρό μπολ.

k) Τοποθετήστε την κρέμα γάλακτος, τη σάλσα, τα αβοκάντο και το ψιλοκομμένο κάρδαμο σε ξεχωριστά μπολ.

68. Ceviche tacos

Κάνει: 4 μερίδες

ΣΥΣΤΑΤΙΚΑ:
- 1½ κιλό Φιλέτα κόκκινο λυθρίνι? σε κομμάτια ½ ίντσας
- Χυμός από 10 λάιμ
- 1 κρεμμύδι? ψιλοκομμένο
- 1 πιπεριά Jalapeno; σπόρους/ψιλοκομμένο
- 14½ ουγγιά κονσέρβα ντομάτες
- ½ φλιτζάνι κόκκους καλαμποκιού
- ¼ φλιτζάνι κόλιαντρο ψιλοκομμένο
- 2 κουταλιές της σούπας ελαιόλαδο
- 2 κουταλιές της σούπας Catsup
- 1 κουταλιά της σούπας σάλτσα Worcestershire
- ½ κουταλάκι του γλυκού αποξηραμένη ρίγανη
- Αλας; να δοκιμάσω
- 8 τορτίγιες καλαμποκιού
- 1 κόκκινο κρεμμύδι? κομμένο σε λεπτές φέτες
- 1 αβοκάντο; ξεφλουδισμένο/κομμένο σε φέτες

ΟΔΗΓΙΕΣ:
a) Σε ένα μεγάλο γυάλινο ή μη αντιδραστικό μπολ από αλουμίνιο, συνδυάστε απαλά το ψάρι και το χυμό λάιμ. Σκεπάζουμε, βάζουμε στο ψυγείο και μαρινάρουμε όλη τη νύχτα.

b) Όταν αφαιρείτε το ψάρι το πρωί, θα είναι "μαγειρεμένο" και ασφαλές για κατανάλωση.

c) Όταν είναι έτοιμο να σερβίρετε τα tacos, συνδυάστε το κρεμμύδι, το jalapeno, τις ντομάτες, τον κόλιανδρο καλαμποκιού, το ελαιόλαδο, το catsup, τη σάλτσα Worcestershire και τη ρίγανη σε ένα μεγάλο γυάλινο μπολ. Ανακατέψτε καλά. Αλατοπιπερώνουμε κατά βούληση.

d) Στραγγίζετε και ξεπλένετε τα ψάρια, προσθέτετε στο μείγμα της ντομάτας και ανακατεύετε απαλά για να καλυφθούν.

e) Ζεσταίνουμε τις τορτίγιες στο φούρνο μικροκυμάτων ή στο φούρνο. Τοποθετήστε $\frac{1}{8}$ από το μείγμα ψαριών σε τορτίγια και γαρνίρετε με κόκκινο κρεμμύδι και αβοκάντο.

69. Ψητό τάκος στη σχάρα με πράσινη σάλσα

Κάνει: 4 μερίδες

ΣΥΣΤΑΤΙΚΑ:
- $3\frac{1}{2}$ φλιτζάνι κόκκινο ή πράσινο λάχανο ψιλοκομμένο
- $\frac{1}{4}$ φλιτζάνι λευκό αποσταγμένο ξύδι
- Αλατοπίπερο
- $\frac{3}{4}$ κιλά φρέσκες ντομάτες
- 2 κουταλιές της σούπας λάδι σαλάτας
- 1 κρεμμύδι, κομμένο σε φέτες $\frac{1}{2}$ ίντσας
- $1\frac{1}{2}$ κιλό φιλέτα ψαριού με σφιχτή σάρκα (μπακαλιάρος, λαβράκι)
- 4 τσίλι Jalapeno
- 2 κουταλάκια χυμό λάιμ
- $\frac{3}{4}$ φλιτζάνι φρέσκα φύλλα κόλιανδρου
- 1 σκελίδα σκόρδο
- 12 ζεστές τορτίγιες καλαμποκιού ή αλευριού με χαμηλά λιπαρά (6-7 ίντσες)
- Ξινή κρέμα με χαμηλά λιπαρά
- Σφήνες ασβέστη

ΟΔΗΓΙΕΣ:
a) Αναζητήστε τις μικρές πράσινες ντομάτες με χάρτινες φλούδες σε μερικά σούπερ μάρκετ και λατίνο μπακάλικα.
b) Ανακατέψτε το λάχανο με ξύδι και 3 κουταλιές της σούπας νερό. Πρόσθεσε ΑΛΑΤΙ και πιπερι για ΓΕΥΣΗ. Καλύψτε και κρυώστε.
c) Αφαιρέστε και πετάξτε τα φλοιά από τις ντομάτες. ξεπλύνετε τις ντομάτες.
d) Περάστε σε σουβλάκια. Αλείψτε λίγο από το λάδι ελαφρά πάνω σε φέτες κρεμμυδιού. Ξεπλύνετε τα ψάρια και στεγνώστε τα. Αλείφουμε τα ψάρια με το υπόλοιπο λάδι.

e) Τοποθετήστε τις ντομάτες, το κρεμμύδι και τα τσίλι σε μια σχάρα μπάρμπεκιου.

f) Μαγειρέψτε, γυρίζοντας όσο χρειάζεται, μέχρι να ροδίσουν τα λαχανικά, για 8-10 λεπτά.

g) Αφήνουμε στην άκρη να κρυώσει.

h) Τοποθετήστε το ψάρι σε σχάρα (με δυνατή φωτιά). Μαγειρέψτε, γυρίζοντας μία φορά, μέχρι το ψάρι να είναι αδιαφανές αλλά να δείχνει ακόμα υγρό στο παχύτερο μέρος (κομμένο στη δοκιμή), 10-14 λεπτά.

i) Αφαιρέστε τα κοτσάνια από τα τσίλι. αφαιρέστε τους σπόρους.

j) Σε ένα μπλέντερ ή στον επεξεργαστή τροφίμων, ανακατέψτε τις ντομάτες, τα τσίλι, το χυμό λάιμ, το $\frac{1}{4}$ c κόλιαντρο και το σκόρδο μέχρι να ομογενοποιηθούν. Ψιλοκόψτε το κρεμμύδι. Προσθέστε το ψιλοκομμένο κρεμμύδι στο μείγμα σάλσας και αλάτι και πιπέρι για γεύση.

k) Ρίξτε σε μικρό μπολ.

l) Για να συναρμολογήσετε κάθε τάκο, γεμίστε μια τορτίγια με λίγη απόλαυση λάχανου, μερικά κομμάτια ψαριού, σάλσα και κρέμα γάλακτος. Προσθέστε μια στύψιμο λάιμ, και αλάτι και πιπέρι για γεύση.

70. Tacos με γαρίδες Μαργαρίτα

Κάνει: 6 μερίδες

ΣΥΣΤΑΤΙΚΑ:
- 1½ κιλό Γαρίδες με κέλυφος. άψητος
- ½ φλιτζάνι τεκίλα
- ½ φλιτζάνι χυμός λάιμ
- 1 κουταλάκι του γλυκού Αλάτι
- 1 σκελίδα ψιλοκομμένη σκελίδα σκόρδο? ή περισσότερο για γεύση
- 3 κουταλιές της σούπας ελαιόλαδο? ή λιγότερο
- 2 κουταλιές της σούπας κόλιαντρο ψιλοκομμένο
- 24 τορτίγιες από αλεύρι. (6 ή 7 ίντσες)
- Τριμμένο μαρούλι
- 1 αβοκάντο; κομμένο φέτες; ή περισσότερο
- Salsa fresca; όπως απαιτείται
- 1 κουτί (15 oz) μαύρα φασόλια
- 1 κουτί (10 oz) κόκκους καλαμποκιού
- ½ φλιτζάνι ψιλοκομμένο κόκκινο κρεμμύδι
- ¼ φλιτζάνι ελαιόλαδο
- 2 κουταλιές της σούπας χυμό λάιμ
- ¼ κουταλάκι του γλυκού αλεσμένο κύμινο
- ¼ κουταλάκι του γλυκού Ρίγανη
- ¼ κουταλάκι του γλυκού Αλάτι

ΟΔΗΓΙΕΣ:
a) Ξεφλουδίστε και devein γαρίδες, κρατώντας τις ουρές, αν θέλετε. αφήνω στην άκρη. Συνδυάστε τεκίλα, χυμό λάιμ, αλάτι. περιχύνουμε τις γαρίδες και τις μαρινάρουμε όχι περισσότερο από 1 ώρα.

b) Σοτάρουμε το ψιλοκομμένο σκόρδο σε 1 κουταλιά της σούπας λάδι μέχρι να ροδίσει. προσθέστε τις γαρίδες, μαγειρέψτε και ανακατέψτε μέχρι να γίνουν, 2 με 3 λεπτά. Προσθέστε λάδι όσο χρειάζεται.

c) Πασπαλίζουμε με κόλιανδρο και διατηρούμε ζεστό. Για κάθε taco, διπλώστε 2 μαλακές τορτίγιες μαζί. γεμίστε με τριμμένο μαρούλι και μαύρα φασόλια και καλαμπόκι Relish.

d) Συμπληρώστε με γαρίδες, φέτες αβοκάντο και σάλσα.

e) Μαύρο φασόλι και καλαμπόκι: Ξεπλύνετε και στραγγίστε τα φασόλια. στραγγίστε το καλαμπόκι,

f) Συνδυάστε τα φασόλια και το καλαμπόκι με τα υπόλοιπα υλικά. βάλτε στο ψυγείο για να αναμειχθούν οι γεύσεις.

71. Τάκος σολομού

Κάνει: 8 Tacos

ΣΥΣΤΑΤΙΚΑ:

- 418 γραμμάρια σολομός Αλάσκας σε κονσέρβα
- 8 κουταλιές της σούπας Fromage frais
- 50 γραμμάρια αγγούρι; κομμένο φέτες
- ½ κουταλάκι του γλυκού μέντα
- 8 έτοιμα κοχύλια taco
- 100 γραμμάρια Iceberg μαρούλι, ψιλοκομμένο
- 3 ντομάτες? ψιλοκομμένο
- 50 γραμμάρια τυρί τσένταρ, τριμμένο
- Ελιές, γαύροι ή πιπεριές ψιλοκομμένες για γαρνίρισμα

ΟΔΗΓΙΕΣ:

a) Προθερμαίνουμε το φούρνο στους 200 C, 400 F, γκάζι 6.
b) Στραγγίζουμε την κονσέρβα του σολομού. Ξεφλουδίστε το ψάρι και αφήστε το στην άκρη. Ανακατεύουμε μαζί το Fromage frais ή το ελληνικό γιαούρτι, το αγγούρι και τη μέντα. Αφήνω στην άκρη.
c) Ζεσταίνουμε τα κελύφη taco στο φούρνο για 2-3 λεπτά μέχρι να γίνουν εύπλαστα.
d) Σωρώστε το μαρούλι και την ντομάτα σε κάθε κέλυφος και στη συνέχεια προσθέστε κομμάτια σολομού, μια κουταλιά από το μείγμα αγγουριού και λίγο τριμμένο τυρί.
e) Γαρνίρουμε και σερβίρουμε αμέσως.

72. Taco θαλασσινών με σάλσα καλαμποκιού

Κάνει: 4 μερίδες

ΣΥΣΤΑΤΙΚΑ:
- 1 κιλό φιλέτα Rockfish
- 2 Limes; χυμό από
- 2 κουταλάκια του γλυκού ελαιόλαδο
- 8 φρέσκες τορτίγιες καλαμποκιού
- 1 φλιτζάνι κόκκους καλαμποκιού? μαγείρευτος
- 1 μέτριο κόκκινο κρεμμύδι? ψιλοκομμένο
- 1 φλιτζάνι αγγούρι με σπόρους ψιλοκομμένο
- 2 πιπεριές Jalapeno; κιμά ή κατά βούληση
- ½ ματσάκι κόλιανδρο? ψιλοκομμένο
- ½ φλιτζάνι ψιλοκομμένη κόκκινη πιπεριά
- ½ κουταλάκι του γλυκού Αλάτι; να δοκιμάσω
- ½ κουταλάκι του γλυκού πιπέρι; να δοκιμάσω
- 2 Limes; χυμό από
- Φύλλα μαρουλιού ή ψιλοκομμένο λάχανο. προαιρετικός
- Σφήνες ασβέστη? προαιρετικός
- Κλαδιά κόλιαντρο; προαιρετικός

ΟΔΗΓΙΕΣ:
a) Μαρινάρετε τα ψάρια σε χυμό λάιμ και ελαιόλαδο για 30 λεπτά.

b) Ψήστε τα ψάρια στη σχάρα στο μπάρμπεκιου ή ψήστε στο φούρνο για 10 λεπτά συνολικά ανά ίντσα πάχους, περίπου 5 λεπτά ανά πλευρά. Το ψάρι είναι έτοιμο όταν η σάρκα γίνει αδιαφανής στο κέντρο.

c) Ζεσταίνουμε τις τορτίγιες μέχρι να γίνουν εύκαμπτες. Με 2 τορτίγιες να επικαλύπτονται μέχρι τη μέση, τοποθετήστε το ψάρι στο κέντρο και γαρνίρετε για γεύση. Χρησιμοποιήστε οδοντογλυφίδες ή κυλήστε σε κερωμένο χαρτί για να κρατήσετε τα tacos μαζί.

ΚΑΛΑΜΠΟΚΙ SALSA

d) Σε μεσαίο μπολ ανακατεύουμε όλα τα υλικά. Αφήνουμε να δέσει 1 ώρα για να αναμειχθούν οι γεύσεις.

73. Μαλακά tacos με κόκκινο λυθρίνι

Κάνει: 4 μερίδες

ΣΥΣΤΑΤΙΚΑ:

- $\frac{1}{4}$ φλιτζάνι ελαιόλαδο
- 2 Κόκκινα κρεμμύδια, κομμένα στη μέση και κομμένα σε λεπτές φέτες
- 1 κουταλάκι του γλυκού Αλάτι
- 1 $\frac{1}{2}$ κουταλάκι του γλυκού πιπέρι
- 2 κουταλάκια του γλυκού Θυμάρι φρέσκο κιμά
- 1$\frac{1}{2}$ κιλό Κόκκινο λυθρίνι, κομμένο σε κομμάτια μπουκιάς
- 1 κουταλάκι του γλυκού ψιλοκομμένο σκόρδο
- 2 κουταλάκια χυμό λάιμ
- 2 κουταλάκια του γλυκού σάλτσα σόγιας
- 2 κουταλάκια του γλυκού κιμά φρέσκια ρίγανη
- 8 μαλακές τορτίγιες καλαμποκιού, ζεστασμένες
- 3 φλιτζάνια τριμμένο μαρούλι

ΟΔΗΓΙΕΣ:

a) Σε ένα τηγάνι ζεσταίνουμε 2 κουταλιές της σούπας λάδι σε μέτρια δυνατή φωτιά μέχρι να ζεσταθεί. Προσθέστε τα κρεμμύδια, το αλάτι, το $\frac{1}{2}$ κουταλάκι του γλυκού πιπέρι και το θυμάρι και σοτάρετε μέχρι να πάρουν πλούσιο χρυσαφί χρώμα.

b) Ζεσταίνουμε ένα άλλο τηγάνι σε μέτρια δυνατή φωτιά μέχρι να ζεσταθεί και προσθέτουμε τις υπόλοιπες 2 κουταλιές της σούπας λάδι. Στριφογυρίζουμε και προσθέτουμε κουφέτα.

c) Σοτάρουμε για 2 λεπτά, γυρνώντας συχνά, προσθέτουμε το σκόρδο, το χυμό λάιμ και τη σάλτσα σόγιας και σοτάρουμε μέχρι να εξατμιστούν σχεδόν τα υγρά και να πάρει ελαφρά χρυσαφί χρώμα.

d) Προσθέστε τη ρίγανη και το υπόλοιπο πιπέρι και ανακατέψτε να ενωθούν. Προσθέστε το μείγμα του κρεμμυδιού και ανακατέψτε καλά.

e) Γεμίζουμε τις τορτίγιες με το μαρούλι και από πάνω το μείγμα με ρόφημα και κρεμμύδι.

74. Tacos φρέσκων φρούτων

ΣΥΣΤΑΤΙΚΑ:

- Τορτίγιες ολικής αλέσεως (μικρές)
- Νερό
- Κανέλα
- Ζάχαρη
- Ελληνικό γιαούρτι (με άρωμα βανίλιας)
- Φρέσκα φρούτα της επιλογής σας (σε κύβους):
- Φράουλες
- Μάγκο
- ανανάδες
- Ακτινίδια

ΟΔΗΓΙΕΣ:

a) Προθερμάνετε το φούρνο στους 325°F.

b) Χρησιμοποιώντας ένα στρογγυλό, πλαστικό κουπάτ για μπισκότα, κόψτε μικρούς κύκλους από τις τορτίγιες ολικής αλέσεως (περίπου 2 ανά μικρή τορτίγια).

c) Τοποθετήστε αυτές τις μικρές τορτίγιες σε ένα ταψί. Βάλτε νερό σε ένα μικρό μπολ. αλείψτε ελαφρά την επάνω πλευρά των τορτίγιών με νερό, χρησιμοποιώντας μια βούρτσα για ρίψη.

d) Ανακατέψτε μια μικρή ποσότητα αλεσμένης κανέλας και ζάχαρης σε ένα μπολ. πασπαλίζουμε τις υγρές τορτίγιες με το μείγμα κανέλας και ζάχαρης.

e) Χρησιμοποιώντας λαβίδες, περάστε ξεχωριστά κάθε τορτίγια πάνω από τη συρμάτινη σχάρα του φούρνου της τοστιέρας, αφήνοντας τα πλαϊνά της τορτίγιας να πέφτουν ανάμεσα σε δύο μεταλλικές ράβδους στη σχάρα.

f) Ψήστε περίπου. 5-7 λεπτά, ελέγχοντας περιοδικά τις τορτίγιες.

g) Χρησιμοποιώντας λαβίδες, σηκώστε τις τορτίγιες από το ράφι και μεταφέρετε σε μια σχάρα ψύξης. Οι τορτίγιες θα πρέπει να παραμείνουν σε αυτή τη θέση ανάποδα για να κρυώσουν, που είναι το τελευταίο βήμα για τη διαμόρφωση του σχήματος τάκο.

h) Μεταφέρετε τα κρυωμένα κελύφη taco σε ένα πιάτο και τοποθετήστε μια κούκλα ελληνικό γιαούρτι βανίλιας στο κέλυφος της τορτίγιας. χρησιμοποιήστε ένα κουτάλι για να εξομαλύνετε και να καλύψετε το κάτω μέρος και τα πλαϊνά του κελύφους.

i) Ρίξτε το αγαπημένο σας φρούτο στο κέλυφος και απολαύστε το!

75. Τάκο κακάο με γέμιση φρούτων με χαμηλά λιπαρά

Κάνει: 6 μερίδες

ΣΥΣΤΑΤΙΚΑ:
- $\frac{1}{4}$ φλιτζάνι Αλεύρι
- $\frac{1}{4}$ φλιτζάνι Ζάχαρη
- 1 κουταλιά της σούπας κακάο ψησίματος
- 2 κουταλιές της σούπας γάλα 2%.
- 2 κουταλιές της σούπας Λάδι
- 1 ασπράδι αυγού
- 1 κουταλάκι του γλυκού εκχύλισμα βανίλιας
- Αλάτι για γεύση
- 8 ουγγιές Γιαούρτι χαμηλών λιπαρών με γεύση φρούτων
- 4 Ακτινίδια? ξεφλουδισμένο, κομμένο σε φέτες
- 6 μεγάλες φράουλες? κομμένο φέτες
- 8 ουγγιές Mango coulis
- 1 ουγγιά σάλτσα βατόμουρου
- 1 πίντα φρέσκα σμέουρα
- 6 κλαράκια φρέσκια μέντα

ΟΔΗΓΙΕΣ:
a) Συνδυάστε τα πρώτα 8 υλικά σε ένα μπολ. χτυπήστε μέχρι να ομογενοποιηθούν. Ψύξτε, σκεπασμένο, για 2 ώρες.
b) Τοποθετήστε 3 κουταλιές της σούπας κάθε φορά σε ένα ζεστό αντικολλητικό τηγάνι 8 ιντσών σε μέτρια φωτιά. Μαγειρέψτε για 2 λεπτά ή μέχρι το κουρκούτι να φαίνεται στεγνό. στροφή. Μαγειρέψτε για 1 λεπτό περισσότερο. Αφαιρέστε και περάστε το πάνω από τη σχάρα. κρυώστε για 15 έως 20 λεπτά.
c) Απλώστε το γιαούρτι πάνω από το μισό από κάθε ψημένο κέλυφος. Εναλλάξ 5 φέτες ακτινίδιο και 5 φέτες φράουλα σε γιαούρτι. Διπλώστε τα κοχύλια για να σχηματίσετε τάκος.

d) Απλώστε mango coulis σε οβάλ 3x4 ιντσών στα κάτω μισά των 6 πιάτων.

e) Σάλτσα βατόμουρου σε 2 λωρίδες κατά μήκος των κουλουριών. Ανακατέψτε τις σάλτσες με το μαχαίρι.

f) Τοποθετήστε 1 τάκο δίπλα σε κουλούρες σε κάθε πιάτο. Γαρνίρετε κάθε πιάτο με σμέουρα και μέντα.

76. Τaco με φρούτα καρύδας

Κάνει: 6 μερίδες

ΣΥΣΤΑΤΙΚΑ:

- ⅓ φλιτζάνι Ψημένη καρύδα
- 1 φλιτζάνι φράουλες, κομμένες σε φέτες
- ½ φλιτζάνι πράσινα σταφύλια χωρίς κουκούτσια, κομμένα στη μέση
- 1 μέτριο μήλο, ξεφλουδισμένο, ξεφλουδισμένο και ψιλοκομμένο
- 1 μικρή μπανάνα, κομμένη σε φέτες
- 2 κουταλιές της σούπας φρούτα που χύνονται, οποιαδήποτε γεύση
- 6 κοχύλια Taco
- ⅓ φλιτζάνι γιαούρτι βανίλια

ΟΔΗΓΙΕΣ:

a) Απλώνουμε την καρύδα στο ταψί.
b) Ψήστε σε φούρνο 350 F για 7 έως 12 λεπτά, ανακατεύοντας συχνά.
c) Εν τω μεταξύ, σε ένα μέτριο μπολ, ανακατέψτε μαζί τις φράουλες, τα σταφύλια, το μήλο, την μπανάνα και τα χυμένα φρούτα.
d) Γεμίστε ομοιόμορφα τα κοχύλια taco με φρούτα.
e) Από πάνω γεμισμένα tacos ομοιόμορφα με γιαούρτι.
f) Πασπαλίζουμε με φρυγανισμένη καρύδα.

77. Τηγανητό τάκος ανανά & πορτοκάλι με τριμμένη σοκολάτα

Κάνει: 6 μερίδες

ΣΥΣΤΑΤΙΚΑ:

- ½ μέτριος ανανάς; ξεφλουδισμένα, ξεφλουδισμένα, κομμένα σε 1
- 2 Πορτοκάλια? ξεφλουδισμένα, ξεσποριασμένα, κομμένα σε φέτες
- 2 κουταλιές της σούπας μαύρη ζάχαρη
- 4 κουταλιές της σούπας Βούτυρο
- 1 ½ κουταλιά της σούπας ζάχαρη ζαχαροπλαστικής
- 6 τορτίγιες καλαμποκιού ή αλευριού
- 1 ½ φλιτζάνι κρέμα γάλακτος βαριά (χτυπώντας).
- ½ φλιτζάνι ψιλοκομμένα φύλλα φρέσκου μέντας
- 2 ουγγιές γλυκόπικρη σοκολάτα, ψιλοτριμμένο

ΟΔΗΓΙΕΣ:

a) Τοποθετήστε τα κομμάτια ανανά και πορτοκαλιού σε ένα μεγάλο τηγάνι που δεν αντιδρά. Πασπαλίζουμε με την καστανή ζάχαρη.

b) Μαγειρέψτε σε μέτρια προς δυνατή φωτιά μέχρι να αρχίσουν να ροδίζουν, περίπου 3 λεπτά.

c) Γυρίστε και μαγειρέψτε από την άλλη πλευρά μέχρι να εξατμιστούν τα υγρά και να ροδίσουν τα κομμάτια, 2 με 3 λεπτά ακόμα.

d) Αφαιρούμε και αφήνουμε στην άκρη.

e) Τοποθετήστε 1 κουταλιά της σούπας βούτυρο και ½ κουταλιά της σούπας ζάχαρη ζαχαροπλαστικής σε ένα τηγάνι αρκετά μεγάλο για να χωρέσει μια τορτίγια.

f) Βάζουμε σε μέτρια προς δυνατή φωτιά μέχρι να λιώσουν το βούτυρο και η ζάχαρη. Ταραχή.

g) Προσθέστε μια τορτίγια και τηγανίστε για 30 δευτερόλεπτα.

h) Γυρίστε και τηγανίστε από την άλλη πλευρά μέχρι να ροδίσει και να γίνει ελαφρώς τραγανό, για 30 με 45 δευτερόλεπτα ακόμη. Αφαιρώ.

i) Συνεχίζουμε με τις υπόλοιπες τορτίγιες, προσθέτοντας περισσότερο βούτυρο και ζάχαρη στο τηγάνι όσο χρειάζεται.

j) Για να συναρμολογηθεί, χτυπήστε την κρέμα μέχρι να σχηματιστούν μαλακές κορυφές. Απλώστε περίπου ⅓ φλιτζάνι από το μείγμα ανανά-πορτοκαλιού στο κέντρο μιας τορτίγιας με επικάλυψη ζάχαρης.

k) Περιχύνουμε με σαντιγί, φύλλα μέντας και πασπαλίζουμε με τριμμένη σοκολάτα. Διπλώνουμε και σερβίρουμε.

78. Παιδικό τάκο ψαριού

Κάνει: 1 μερίδα

ΣΥΣΤΑΤΙΚΑ:
- Κατεψυγμένα μπαστούνια ψαριού πανέ
- Σάλτσα τάκο
- Μαρούλι
- Ντομάτα σε κύβους
- Τυρί τσένταρ, τριμμένο
- Κρέμα γάλακτος
- Κοχύλια Taco

ΟΔΗΓΙΕΣ:
a) Μαγειρέψτε τα ξυλάκια ψαριού σύμφωνα με τις οδηγίες της συσκευασίας.

b) Όταν ψηθεί, τοποθετήστε ένα ξυλάκι ψαριού σε κάθε τάκο.

c) Προσθέστε τις διάφορες επικαλύψεις και σερβίρετε αμέσως.

79. Tacos παγωτού

Κάνει: 6 μερίδες

ΣΥΣΤΑΤΙΚΑ:
- 2 κουταλιές της σούπας Ζάχαρη
- ½ κουταλάκι του γλυκού αλεσμένη κανέλα
- 1 ½ κουταλιά της σούπας βούτυρο, λιωμένο
- 8 (5 ιντσών) κοχύλια taco
- 1 λίτρο Παγωτό, οποιαδήποτε γεύση

ΟΔΗΓΙΕΣ:
a) Σε ένα φλιτζάνι ανακατεύουμε τη ζάχαρη και την κανέλα. Αφήνω στην άκρη. Αλείψτε ελαφρά το βούτυρο στο εσωτερικό κάθε κελύφους taco. πασπαλίζουμε με το μείγμα ζάχαρης, αφήνουμε στην άκρη. Αφαιρέστε το κάλυμμα από το κουτί παγωτού.
b) Αφαιρέστε το παγωτό και τοποθετήστε το σε ξύλο κοπής.
c) Κόβουμε σε τέσσερις φέτες. Κόψτε κάθε φέτα στη μέση. Τοποθετήστε κάθε μισό σε ένα έτοιμο κέλυφος taco. Τοποθετήστε τα taco παγωτού σε ένα ταψί 13x9x2 ιντσών.
d) Καλύψτε σφιχτά με πλαστική μεμβράνη ή αλουμινόχαρτο και παγώστε.
e) Την ώρα του σερβιρίσματος, μεταφέρετε τα tacos σε μια πιατέλα.
f) Σερβίρετε με μια επιλογή από γαρνιτούρες όπως φράουλες σε φέτες, μύρτιλα, σαντιγί, ψιλοκομμένους ξηρούς καρπούς, φρυγανισμένη καρύδα, σάλτσα σοκολάτας ή καραμέλας.

80. Τραγανό τάκος ρεβιθιού

Φτιάχνει: 6 tacos

ΣΥΣΤΑΤΙΚΑ:
- 6 τορτίγιες καλαμποκιού ή αλευριού
- Ένα κουτάκι 15 ουγγιών ρεβίθια, ξεπλυμένα και στραγγισμένα
- ½ κουταλάκι του γλυκού τσίλι σε σκόνη
- 3 φλιτζάνια πράσινο λάχανο τριμμένο
- 1 φλιτζάνι καρότο τριμμένο
- ½ φλιτζάνι κόκκινο κρεμμύδι σε λεπτές φέτες
- ½ φλιτζάνι πιπέρι poblano με σπόρους και σε μικρούς κύβους
- ½ φλιτζάνι φρέσκο κρεμμύδι σε φέτες
- ¼ φλιτζάνι ψιλοκομμένο φρέσκο κόλιανδρο
- ¼ φλιτζάνι μαγιονέζα Tofu Κάσιου 1 μερίδα
- 2 κουταλιές της σούπας χυμό λάιμ ¼ κουταλάκι του γλυκού θαλασσινό αλάτι
- 1 αβοκάντο, χωρίς κουκούτσι και κομμένο σε φέτες
- 1 κουταλιά της σούπας Sriracha

ΟΔΗΓΙΕΣ:
a) Προθερμάνετε το φούρνο στους 375°F.
b) Πλάθετε τις τορτίγιες τοποθετώντας τις σε ένα αντικολλητικό μπολ που είναι κατάλληλο για φούρνο και ψήνοντάς τις στο φούρνο μέχρι να γίνουν τραγανές, για 5-10 λεπτά.
c) Σε ένα μεγάλο μπολ, θρυμματίζουμε τα ρεβίθια με ένα πιρούνι και πασπαλίζουμε με τη σκόνη τσίλι.
d) Προσθέστε το λάχανο, το καρότο, το κόκκινο κρεμμύδι, την πιπεριά poblano, το πράσινο κρεμμύδι, τον κόλιαντρο, τη μαγιονέζα και το χυμό λάιμ.

e) Ανακατεύουμε καλά, προσθέτοντας τελευταίο αλάτι.

f) Μοιράζουμε το μείγμα της σαλάτας στα μπολ τάκο και από πάνω ρίχνουμε το αβοκάντο σε φέτες. Προσθέστε Sriracha αν σας αρέσουν τα tacos σας πικάντικα.

81. Τέμπε τάκος

Κάνει: 3 έως 4 μερίδες

ΣΥΣΤΑΤΙΚΑ:

- Λάδι, για τηγάνι
- 1 πακέτο (8 ουγγιές) tempeh
- 1¾ φλιτζάνι ρυζόγαλο χωρίς ζάχαρη
- 1 κουταλιά της σούπας μουστάρδα Dijon
- 1 κουταλιά της σούπας σάλτσα σόγιας ή ταμάρι
- ½ κουταλάκι του γλυκού πάπρικα
- 2 κουταλιές της σούπας dulse flakes
- 1 κουταλιά της σούπας διατροφική μαγιά
- ¼ φλιτζάνι καλαμποκάλευρο
- 13. φλιτζάνι φρυγανιά σε στιλ panko
- 1 κουταλιά της σούπας arrowroot tortillas καλαμποκιού, για tacos
- 1 αβοκάντο, κομμένο σε φέτες

ΟΔΗΓΙΕΣ:

a) Προθερμάνετε το φούρνο στους 350 βαθμούς Φ. Ψεκάστε ένα ταψί με λάδι. Κόψτε το tempeh σε κομμάτια μήκους 2 ιντσών και πάχους ½ ιντσών. Χτυπάμε τα υγρά υλικά και τα αφήνουμε στην άκρη.

b) Τοποθετήστε τα ξηρά υλικά σε έναν επεξεργαστή τροφίμων και χτυπήστε μερικές φορές, μέχρι το μείγμα να γίνει ένα λεπτό αλεύρι. Τοποθετήστε σε ένα μικρό μπολ. Βυθίστε κάθε κομμάτι τέμπε στο μείγμα ρυζόγαλου και, στη συνέχεια, ρίξτε το με το μείγμα τριμμένης φρυγανιάς.

c) Τοποθετήστε σε ταψί σε τρεις σειρές περίπου ένα εκατοστό μεταξύ τους. Ψεκάστε λάδι πάνω από τα κομμάτια και στη συνέχεια ψήστε για 15 λεπτά. Γυρίστε και ψήστε άλλα 15 λεπτά.

d) Σερβίρετε αμέσως σε τορτίγια καλαμποκιού με κομμένο αβοκάντο και σάλσα μάνγκο-ροδάκινο.

82. Tacos μανιταριών με κρέμα Chipotle

Κάνει: 4

ΣΥΣΤΑΤΙΚΑ:

- 1 μέτριο κόκκινο κρεμμύδι, κομμένο σε λεπτές φέτες
- 1 μεγάλο μανιτάρι πορτομπέλο, κομμένο σε κύβους ½ ίντσας
- 6 σκελίδες σκόρδο, ψιλοκομμένες
- Θαλασσινό αλάτι για γεύση
- 12 τορτίγιες καλαμποκιού 6 ιντσών
- 1 φλιτζάνι σάλτσα κρέμας Chipotle
- 2 φλιτζάνια ψιλοκομμένο μαρούλι
- ½ φλιτζάνι φρέσκο κόλιανδρο ψιλοκομμένο

ΟΔΗΓΙΕΣ:

a) Ζεσταίνουμε ένα μεγάλο τηγάνι σε μέτρια προς δυνατή φωτιά.
b) Προσθέστε το κόκκινο κρεμμύδι και τα μανιτάρια πορτομπέλο και ανακατέψτε για 4 έως 5 λεπτά.
c) Προσθέστε νερό 1 με 2 κουταλιές της σούπας κάθε φορά για να μην κολλήσουν το κρεμμύδι και τα μανιτάρια.
d) Προσθέστε το σκόρδο και μαγειρέψτε για 1 λεπτό. Αλατοπιπερώνουμε.
e) Όσο ψήνονται τα μανιτάρια, προσθέτουμε 4 τορτίγιες σε ένα αντικολλητικό τηγάνι και τις ζεσταίνουμε για λίγα λεπτά μέχρι να μαλακώσουν.
f) Τα αναποδογυρίζουμε και τα ζεσταίνουμε για 2 λεπτά ακόμα. Αφαιρώ

83. Φακές, λάχανο και κινόα τάκος

Κάνει: 8 μερίδες

ΣΥΣΤΑΤΙΚΑ:
ΠΛΗΡΩΣΗ
- 3 φλιτζάνια κινόα, μαγειρεμένη (1 φλιτζάνι στεγνή)
- 1 φλιτζάνι φακές, μαγειρεμένες (½ φλιτζάνι στεγνές)
- Μία παρτίδα Taco Seasoning
- 1 κουταλιά της σούπας λάδι καρύδας
- 3 μεγάλα φύλλα λάχανου, αφαιρούνται οι μίσχοι, ψιλοκομμένα
- Κοχύλια τάκο μπλε-καλαμποκιού

ΤΟΠΙΝΓΚ
- 2 αβοκάντο, χωρίς τα κουκούτσια, ξεφλουδισμένα και κομμένα σε φέτες
- Φύλλα φρέσκου κόλιανδρου Φρέσκα λάιμ

ΟΔΗΓΙΕΣ:
a) Σε μια μεγάλη κατσαρόλα που έχει ζεσταθεί σε μέτρια, διπλώνουμε μαζί τη μαγειρεμένη κινόα, τις φακές, το καρύκευμα Taco, το λάδι καρύδας και το λάχανο. Ανακατεύουμε καλά για 3 – 5 λεπτά μέχρι η θερμότητα να μαραθούν τα φύλλα.

b) Ψήστε τα κοχύλια taco σε ένα ταψί με επένδυση περγαμηνής σύμφωνα με τις οδηγίες του κατασκευαστή.

c) Γεμίστε τα κοχύλια με γέμιση και στη συνέχεια προσθέστε αβοκάντο, κόλιανδρο και μια στύψα από λάιμ. Σερβίρετε ζεστό.

84. Καλαμπόκι σάλσα με μαύρα φασόλια τάκος

Κάνει: 4

ΣΥΣΤΑΤΙΚΑ:

- Μαγείρεμα Ελαιόλαδο
- 2 σκελίδες σκόρδο
- 2 ½ φλιτζάνια μαύρα φασόλια, ξεπλυμένα και στραγγισμένα
- ¼ φλιτζάνι βρώμη
- ¼ φλιτζάνι καλαμποκάλευρο
- 1 κουταλιά της σούπας κόκκινο τσίλι σε σκόνη
- 1 κουταλάκι του γλυκού αλάτι kosher, χωρισμένο
- ½ κουταλάκι του γλυκού μαύρο πιπέρι (αλεσμένο και μοιρασμένο)
- 8 τορτίγιες καλαμποκιού (μικρές)
- 1 φλιτζάνι καλαμπόκι, ξεπαγωμένο αν παγώσει
- 1 κόκκινη πιπεριά (μέτρια, ψιλοκομμένη)
- 1 πράσινο τσίλι (μικρό, κομμένο σε κύβους)
- 2 κρεμμυδάκια (ψιλοκομμένα)
- 2 λάιμ (χυμωμένο)
- ¼ φλιτζάνι φρέσκο κόλιανδρο (ψιλοκομμένο)

ΟΔΗΓΙΕΣ:

a) Προθερμάνετε το φούρνο στους 400°F και ψεκάστε με λάδι μαγειρέματος σε ένα ταψί.

b) Προσθέστε το ψιλοκομμένο σκόρδο σε μια μηχανή επεξεργασίας με τα φασόλια, τη βρώμη, το τσίλι και το καλαμποκάλευρο. Προσθέστε αλάτι και πιπέρι πριν επεξεργαστείτε το μείγμα.

c) Ετοιμάζουμε ένα ταψί και απλώνουμε πάνω το μείγμα. Φροντίστε να το ψεκάζετε με μαγειρικό λάδι πριν ψήσετε το μείγμα για 20 με 30 λεπτά.

d) πριν το ψεκάσετε με περισσότερο λάδι μαγειρέματος και συνεχίστε το ψήσιμο. Αυτό βοηθά στο να εξασφαλιστεί ότι ολόκληρο το μείγμα θα ψηθεί ομοιόμορφα.

e) Μόλις ψηθεί, βγάζετε το μείγμα των φασολιών σε ένα μπολ και το ανακατεύετε καλά με το καλαμπόκι, την πιπεριά, το τσίλι και το κρεμμύδι.

f) Οι τορτίγιες πρέπει να τυλιχτούν σε αλουμινόχαρτο και να ζεσταθούν στο φούρνο για 5 λεπτά.

g) Απλώστε το μείγμα με τα φασόλια στις τορτίγιες και σερβίρετε με σάλσα καλαμποκιού και επικάλυψη κόλιανδρου.

85. Τάκος χαλούμι στη σχάρα

Κάνει: 4

ΣΥΣΤΑΤΙΚΑ:
- Ελαιόλαδο
- 2 αποφλοιωμένα στάχυα
- Αλάτι kosher
- Μαύρο πιπέρι
- 1 μικρό, κόκκινο κρεμμύδι, κομμένο σε φέτες
- ½ κιλό χαλούμι, κομμένο σε χοντρές φέτες
- 8 τορτίγιες καλαμποκιού

ΟΔΗΓΙΕΣ:
a) Ετοιμάζουμε τη σχάρα σε μέτρια προς δυνατή φωτιά και λαδώνουμε καλά τις σχάρες.

b) Αλείφουμε ελαφρά τις φλούδες καλαμποκιού με λάδι και αλατοπιπερώνουμε το ίδιο. Ρίξτε τις ροδέλες κρεμμυδιού με λάδι, αλάτι και πιπέρι. Ψήνετε και τα δύο υλικά στη σχάρα, 10-15 λεπτά για το καλαμπόκι και 4 λεπτά για τα κρεμμύδια, γυρίζοντας συχνά για να βεβαιωθείτε ότι είναι τρυφερό και ότι έχει απανθρακωθεί σε σημεία.

c) Μόλις κρυώσει το καλαμπόκι, κόψτε τα κουκούτσια από τα στάχυα και βάλτε τα σε ένα μεσαίο μπολ.

d) Αλείφουμε το τυρί με λίγο λάδι και αφού το αλατοπιπερώσουμε, το ψήνουμε στο γκριλ μία φορά από κάθε πλευρά να καρβουνιάσει και να ζεσταθεί τελείως.

e) Ζεσταίνουμε τις τορτίγιες στο φούρνο μικροκυμάτων ή σε ένα πιο δροσερό μέρος της σχάρας για να μαλακώσουν.

f) Μοιράζετε το τυρί στις τορτίγιες, προσθέτοντάς τες με κρεμμύδια, καλαμπόκι, αβοκάντο, κόλιαντρο, σάλσα και φέτες λάιμ.

86. <u>The Simple Vegan Taco</u>

Κάνει: 1

ΣΥΣΤΑΤΙΚΑ:

- 2 τάκος σταρένιο
- ½ φλιτζάνι μαύρα φασόλια
- 1 αβοκάντο, κομμένο σε φέτες
- 2 ντοματίνια, κομμένα στα τέσσερα
- 1 κρεμμύδι, ψιλοκομμένο
- Φρέσκος μαϊντανός
- Χυμός λάιμ
- 1 κουταλιά της σούπας ελιά
- Λάδι
- Αλας
- Καυτερή σάλτσα της επιλογής σας

ΟΔΗΓΙΕΣ:

a) Ζεσταίνουμε το taco για να ζεσταθεί καλά.
b) Τοποθετήστε όλα τα υλικά στο taco με όποια σειρά θέλετε. Μπορείτε επίσης να ζεστάνετε όλα τα λαχανικά σε ένα μέτριο τηγάνι.
c) Απλώς ζεσταίνουμε το λάδι, προσθέτουμε τα κρεμμύδια, τα φασόλια και τα ντοματίνια και πασπαλίζουμε με λίγο αλάτι ολόκληρα.
d) Αφαιρέστε μετά από ένα λεπτό συνεχούς ανάδευσης.
e) Σερβίρετε τα tacos, πασπαλισμένα με λίγο μαϊντανό, αβοκάντο κομμένα σε φέτες, λίγο χυμό λάιμ και τη ζεστή σάλτσα τσίλι για να τα βουτήξετε.

87. Φασόλια και τάκο καλαμποκιού στη σχάρα

Κάνει: 2

ΣΥΣΤΑΤΙΚΑ:
- 2 τάκος καλαμποκιού
- ½ φλιτζάνι μαύρα φασόλια
- Ψητό καλαμπόκι στη σχάρα
- 1 αβοκάντο, κομμένο σε φέτες
- 2 ντοματίνια, κομμένα στα τέσσερα
- 1 μικρό κρεμμύδι, ψιλοκομμένο
- Φρέσκος μαϊντανός
- ¼ κουταλάκι του γλυκού κύμινο
- Αλας
- Φρεσκοτριμμένο μαύρο πιπέρι
- 1 κουταλιά της σούπας λάδι για ψήσιμο

ΟΔΗΓΙΕΣ:
a) Ετοιμάζουμε τη σχάρα σε μέτρια προς δυνατή φωτιά και λαδώνουμε καλά τις σχάρες.
b) Αλείφουμε ελαφρά τις φλούδες καλαμποκιού με λάδι και αλατοπιπερώνουμε το ίδιο. Ψήστε το καλαμπόκι για 10-15 λεπτά γυρίζοντας συχνά για να βεβαιωθείτε ότι είναι τρυφερό και απανθρακωμένο σε σημεία.
c) Μόλις κρυώσει το καλαμπόκι, κόψτε τα κουκούτσια από τα στάχυα και βάλτε τα σε ένα μεσαίο μπολ.
d) Πασπαλίζουμε με μαύρα φασόλια, αβοκάντο κομμένο σε φέτες, ντοματίνια, ψιλοκομμένα κρεμμύδια, φρέσκο μαϊντανό και αλατοπιπερώνουμε και κύμινο. Στύψτε λίγο φρέσκο λάιμ για μια πικάντικη γέμιση.
e) Σωρώστε το τάκο και απολαύστε το με μια βουτιά της επιλογής σας.

88. Taco με μαύρα φασόλια και σαλάτα ρυζιού

Κάνει: 4

ΣΥΣΤΑΤΙΚΑ:

- Κοχύλια Taco
- 3 Lime, ξύσμα και χυμό
- 1 φλιτζάνι ντοματίνια, το καθένα κομμένο σε 4 κομμάτια
- ¼ φλιτζάνι ξύδι από κόκκινο κρασί
- ¼ φλιτζάνι Κόκκινο κρεμμύδι, μικρά κυβάκια
- ¼ φλιτζάνι Μείγμα κόλιανδρου, βασιλικού και κρεμμυδιού, όλο σιφονάδα
- 1 κουταλάκι του γλυκού Σκόρδο, ψιλοκομμένο
- 1 κονσέρβα Καλαμπόκι, στραγγισμένο
- 1 πράσινη πιπεριά τσίλι, σε μικρά κυβάκια
- 1 Κόκκινη, πορτοκαλί ή κίτρινη πιπεριά
- 1 κονσέρβα Μαύρα φασόλια, στραγγισμένα
- 1 ½ φλιτζάνι λευκό ρύζι, μαγειρεμένο και ζεστό
- Αλάτι και πιπέρι για να αλατοπιπερώσετε.

ΟΔΗΓΙΕΣ:

a) Κόβουμε τα ντοματίνια σε τέταρτα και μαρινάρουμε με κόκκινο κρεμμύδι, ξύδι από κόκκινο κρασί, σκόρδο και αλάτι για 30 λεπτά.

b) Μαζεύουμε και ετοιμάζουμε τις πιπεριές, τα μυρωδικά και τα λάιμ. Τα συνδυάζουμε όλα μαζί με τα στραγγισμένα μαύρα φασόλια και το καλαμπόκι και αλατοπιπερώνουμε καλά.

c) Προσθέστε το μείγμα της ντομάτας στο μείγμα των φασολιών. Στη συνέχεια, διπλώστε το ζεστό ρύζι. Δοκιμάζουμε και προσθέτουμε αλάτι αν χρειάζεται.

d) Σερβίρετε σε κοχύλια taco.

89. Μασώδες τάκος καρυδιάς

Κάνει: 4

ΣΥΣΤΑΤΙΚΑ:
ΚΡΕΑΣ ΤΑΚΟ
- 1 φλιτζάνι ωμά καρύδια
- 1 κουταλιά της σούπας νιφάδες μαγιάς
- 1 κουταλιά της σούπας ταμάρι
- $\frac{1}{2}$ κουταλάκι του γλυκού αλεσμένο κύμινο
- $\frac{1}{4}$ κουταλάκι του γλυκού πιπέρι σε σκόνη
- 1 κουταλάκι του γλυκού τσίλι

ΠΛΗΡΩΣΗ
- 1 Χασς αβοκάντο
- 1 ντομάτα ρομά, ψιλοκομμένη
- 6 κουταλιές της σούπας ντιπ καπνιστού τυριού κάσιους
- 4 μεγάλα φύλλα μαρουλιού

ΟΔΗΓΊΕΣ:
ΚΡΕΑΣ ΤΑΚΟ
a) Τοποθετήστε τα καρύδια, τη διατροφική μαγιά, το ταμάρι, τη σκόνη τσίλι, το κύμινο και τη σκόνη τσίλι σε έναν επεξεργαστή τροφίμων και πολτοποιήστε μέχρι το μείγμα να μοιάζει με χοντρό τρίμμα.

ΠΛΗΡΩΣΗ
b) Για τις επικαλύψεις, τοποθετήστε το αβοκάντο σε ένα μικρό μπολ και πολτοποιήστε με ένα πιρούνι μέχρι να ομογενοποιηθεί. Ανακατεύουμε την ντομάτα.

c) Για να συναρμολογήσετε κάθε taco, τοποθετήστε ένα φύλλο μαρουλιού σε ένα ξύλο κοπής, με τα πλευρά προς τα πάνω. Τοποθετήστε $\frac{1}{4}$ φλιτζάνι κρέας Taco καρυδιάς στο κέντρο του φύλλου.

d) Συμπληρώστε με 1 $\frac{1}{2}$ κουταλιά της σούπας ντιπ τυριού κάσιους και ένα τέταρτο από το μείγμα αβοκάντο.

90. Σεϊτάν Τάκος

Φτιάχνει: 4 tacos

ΣΥΣΤΑΤΙΚΑ:
- 2 κουταλιές της σούπας ελαιόλαδο
- 12 ουγγιές σεϊτάν
- 2 κουταλιές της σούπας σάλτσα σόγιας
- 1 1/2 κουταλάκι του γλυκού τσίλι σε σκόνη
- 1/4 κουταλάκι του γλυκού κύμινο τριμμένο
- 1/4 κουταλάκι του γλυκού σκόνη σκόρδου
- 12 (6 ιντσών) μαλακές τορτίγιες καλαμποκιού
- 1 ώριμο αβοκάντο Hass
- Τριμμένο μαρούλι Ρομά
- 1 φλιτζάνι σάλσα ντομάτας

ΟΔΗΓΙΕΣ:
a) Σε ένα μεγάλο τηγάνι ζεσταίνουμε το λάδι σε μέτρια φωτιά. Προσθέστε το σεϊτάν και μαγειρέψτε μέχρι να ροδίσει, περίπου 10 λεπτά. Πασπαλίζουμε με τη σάλτσα σόγιας, τη σκόνη τσίλι, το κύμινο και τη σκόνη σκόρδου, ανακατεύοντας να επικαλυφθούν. Αποσύρουμε από τη φωτιά.
b) Προθερμάνετε το φούρνο στους 225°F. Σε ένα μέτριο τηγάνι ζεσταίνουμε τις τορτίγιες σε μέτρια φωτιά και τις στοιβάζουμε σε ένα αντιθερμικό πιάτο. Σκεπάζουμε με αλουμινόχαρτο και τα βάζουμε στο φούρνο για να διατηρηθούν απαλά και ζεστά.
c) Ξεφλουδίστε και ξεφλουδίστε το αβοκάντο και κόψτε σε φέτες 1/4 ίντσας.
d) Τακτοποιήστε τη γέμιση taco, το αβοκάντο και το μαρούλι σε μια πιατέλα και σερβίρετε μαζί με τις ζεστασμένες τορτίγιες, τη σάλσα και τυχόν πρόσθετες επικαλύψεις.

91. Υπέροχα tofu tacos

Κάνει: 6 μερίδες

ΣΥΣΤΑΤΙΚΑ:
- 1 κιλό Σκληρό τόφου? κόψτε σε κύβους ½ ίντσας
- 2 κουταλιές της σούπας Κόκκινη σκόνη τσίλι
- ¼ φλιτζάνι χορτοφαγική σάλτσα Worcestershire
- Σπρέι μαγειρικής
- ½ Κόκκινο κρεμμύδι? ψιλοκομμένο
- ¼ φλιτζάνι κόλιαντρο ψιλοκομμένο
- 1 φλιτζάνι τριμμένο κόκκινο λάχανο
- 1 κουτάκι μαύρα φασόλια τηγανητά για χορτοφάγους
- 12 τορτίγιες από αλεύρι
- Salsa

ΟΔΗΓΙΕΣ:
a) Σε ένα μεγάλο μπολ, ρίξτε απαλά το tofu με τη σκόνη τσίλι και τη σάλτσα Worcestershire. Αφήστε να σταθεί για τουλάχιστον μία ώρα. Προθερμάνετε το φούρνο στους 400 F. Ψεκάστε ελαφρά ένα ταψί με σπρέι μαγειρέματος. Τοποθετήστε το tofu ομοιόμορφα κατά μήκος του.
b) Ψεκάστε ελαφρά την κορυφή του τόφου και ψήστε για περίπου 20 λεπτά μέχρι το τόφου να ροδίσει και να γίνει ελαφρώς τραγανό. Βγάζουμε από το φούρνο και αφήνουμε να κρυώσει ελαφρώς. Σε ένα μεσαίο μπολ, ανακατέψτε το κρεμμύδι, τον κόλιαντρο και το λάχανο.
c) Απλώστε τις τορτίγιες σε 2 με 3 φύλλα ψησίματος, ώστε να μην επικαλύπτονται ελάχιστα.
d) Αλείψτε το κέντρο του καθενός με περίπου 1½ κουταλιά της σούπας φασόλια και βάλτε το στο φούρνο για περίπου 10 λεπτά, μέχρι οι τορτίγιες να αρχίσουν να ροδίζουν και τα φασόλια να είναι ζεστά.

e) Τοποθετήστε ίσες ποσότητες τόφου στο κέντρο κάθε τορτίγιας.

f) Περιχύνουμε με μείγμα κρεμμυδιού-λάχανου-κόλιανδρου, διπλώνουμε στη μέση και τοποθετούμε σε πιατέλα σερβιρίσματος. Σερβίρουμε με σάλτσα αν θέλουμε.

92. Rajas con Crema Tacos

ΣΥΣΤΑΤΙΚΑ:
ΠΛΗΡΩΣΗ:
- 5 πιπεριές Poblano, ψητές, καθαρισμένες, ξεσποριασμένες, κομμένες σε λωρίδες
- ¼ Νερό
- 1 Κρεμμύδι, λευκό, μεγάλο, κομμένο σε λεπτές φέτες
- 2 σκελίδες σκόρδο, ψιλοκομμένες
- ½ φλιτζάνι ζωμός λαχανικών ή ζωμός

ΚΡΕΜΑ:
- ½ φλιτζάνι αμύγδαλα, ωμά
- 1 σκελίδα Σκόρδο
- ¾ φλιτζάνι Νερό
- ¼ φλιτζάνι γάλα αμυγδάλου, χωρίς ζάχαρη ή φυτικό λάδι
- 1 κουταλιά της σούπας χυμό λεμονιού φρέσκο

ΟΔΗΓΙΕΣ:
a) Ζεσταίνουμε ένα μεγάλο τηγάνι σε μέτρια φωτιά, προσθέτουμε νερό. Προσθέστε το κρεμμύδι και ιδρώστε για 2-3 λεπτά ή μέχρι να γίνει τρυφερό και διάφανο.

b) Προσθέστε το σκόρδο και ½ φλιτζάνι ζωμό λαχανικών, σκεπάστε και αφήστε τον ατμό.

c) Προσθέστε τις πιπεριές Poblano και αφήστε να ψηθούν για 1 λεπτό ακόμα. Αλατοπιπερώνουμε. Αποσύρουμε από τη φωτιά και αφήνουμε να κρυώσει ελαφρώς.

d) Τοποθετήστε τα αμύγδαλα, το σκόρδο, το νερό, το γάλα αμυγδάλου και το χυμό λεμονιού στο μπλέντερ και τα επεξεργαστείτε μέχρι να ομογενοποιηθούν. Αλατοπιπερώνουμε.

e) Ρίχνουμε την κρέμα αμυγδάλου πάνω από την κρύα γέμιση και ανακατεύουμε καλά.

93. Τίνγκα τάκος γλυκοπατάτας και καρότου

ΣΥΣΤΑΤΙΚΑ:

- ¼ φλιτζάνι Νερό
- 1 φλιτζάνι λευκό κρεμμύδι σε λεπτές φέτες
- 3 σκελίδες σκόρδο, ψιλοκομμένες
- 2 ½ φλιτζάνια τριμμένη γλυκοπατάτα
- 1 φλιτζάνι τριμμένο καρότο
- 1 κονσέρβα (14 ουγγιές) ντομάτες σε κύβους
- 1 κουταλάκι του γλυκού μεξικάνικη ρίγανη
- 2 πιπεριές Chipotle σε adobo
- ½ φλιτζάνι ζωμός λαχανικών
- 1 αβοκάντο, κομμένο σε φέτες
- 8 τορτίγιες

ΟΔΗΓΙΕΣ:

a) Σε ένα μεγάλο τηγάνι σε μέτρια φωτιά, προσθέστε νερό και το κρεμμύδι, μαγειρέψτε για 3 - 4 λεπτά, μέχρι το κρεμμύδι να γίνει διάφανο και μαλακό. Προσθέτουμε το σκόρδο και συνεχίζουμε το μαγείρεμα ανακατεύοντας για 1 λεπτό.

b) Προσθέστε τη γλυκοπατάτα και το καρότο στο τηγάνι και μαγειρέψτε για 5 λεπτά ανακατεύοντας συχνά.

ΣΑΛΤΣΑ:

c) Βάλτε τις ντομάτες σε κύβους, το ζωμό λαχανικών, τη ρίγανη και τις πιπεριές chipotle στο μπλέντερ και επεξεργαστείτε μέχρι να ομογενοποιηθούν.

d) Προσθέστε τη σάλτσα chipotle-ντομάτας στο τηγάνι και μαγειρέψτε για 10-12 λεπτά, ανακατεύοντας κατά διαστήματα, μέχρι να ψηθούν οι γλυκοπατάτες και το καρότο. Εάν χρειάζεται, προσθέστε περισσότερο ζωμό λαχανικών στο τηγάνι.

ε) Σερβίρουμε σε ζεστές τορτίγιες και από πάνω ρίχνουμε φέτες αβοκάντο.

94. Πατάτα και Chorizo Tacos

Κάνει: 4 μερίδες

ΣΥΣΤΑΤΙΚΑ:

- 1 κουταλιά της σούπας φυτικό λάδι, προαιρετικά
- 1 φλιτζάνι Κρεμμύδι, λευκό, ψιλοκομμένο
- 3 φλιτζάνια πατάτα, ξεφλουδισμένη, κομμένη σε κύβους
- 1 φλιτζάνι Vegan chorizo, μαγειρεμένο
- 12 τορτίγιες
- 1 φλιτζάνι η αγαπημένη σας σάλτσα

ΟΔΗΓΙΕΣ:

a) Ζεσταίνουμε 1 κουταλιά της σούπας λάδι σε ένα μεγάλο τηγάνι σε μέτρια προς χαμηλή φωτιά. Προσθέστε τα κρεμμύδια και μαγειρέψτε μέχρι να μαλακώσουν και να γίνουν διάφανα, περίπου 10 λεπτά.

b) Όσο ψήνονται τα κρεμμύδια, τοποθετήστε τις κομμένες πατάτες σας σε μια μικρή κατσαρόλα με αλατισμένο νερό. Φέρνουμε το νερό να σιγοβράσει σε δυνατή φωτιά. Χαμηλώνουμε τη φωτιά σε μέτρια και αφήνουμε τις πατάτες να ψηθούν για 5 λεπτά.

c) Στραγγίζουμε τις πατάτες και τις προσθέτουμε στο τηγάνι με το κρεμμύδι. Ανεβάστε τη θερμότητα σε μέτρια προς υψηλή. Μαγειρέψτε τις πατάτες και τα κρεμμύδια για 5 λεπτά ή μέχρι να αρχίσουν να ροδίζουν οι πατάτες. Προσθέστε περισσότερο λάδι εάν χρειάζεται.

d) Προσθέστε το μαγειρεμένο chorizo στο τηγάνι και ανακατέψτε καλά. Μαγειρέψτε για ένα λεπτό ακόμα.

e) Αλατοπιπερώνουμε.

f) Σερβίρετε με ζεστές τορτίγιες και τη σάλτσα της επιλογής σας.

95. Καλοκαιρινές Calabacitas Tacos

Κάνει: 4 μερίδες

ΣΥΣΤΑΤΙΚΑ:

- $\frac{1}{2}$ φλιτζάνι ζωμός λαχανικών
- 1 φλιτζάνι Κρεμμύδι, λευκό, ψιλοκομμένο
- 3 σκελίδες σκόρδο, ψιλοκομμένες
- $\frac{1}{4}$ φλιτζάνι ζωμός λαχανικών ή νερό
- 2 κολοκυθάκια μεγάλα, κομμένα σε κύβους
- 2 φλιτζάνια ντομάτα κομμένη σε κύβους
- 10 τορτίγιες
- 1 αβοκάντο, κομμένο σε φέτες
- 1 φλιτζάνι αγαπημένη σάλσα

ΟΔΗΓΙΕΣ:

a) Σε μια μεγάλη κατσαρόλα με βαρύ πάτο, βάλτε τη σε μέτρια φωτιά. ιδρώστε το κρεμμύδι σε $\frac{1}{4}$ φλιτζάνι ζωμό λαχανικών για 2 έως 3 λεπτά μέχρι το κρεμμύδι να γίνει ημιδιαφανές.

b) Προσθέστε το σκόρδο και ρίξτε το υπόλοιπο $\frac{1}{4}$ φλιτζάνι ζωμό λαχανικών, σκεπάστε και αφήστε τον ατμό.

c) Ξεσκεπάστε, προσθέστε τα κολοκυθάκια και μαγειρέψτε για 3-4 λεπτά, μέχρι να αρχίσει να μαλακώνει.

d) Προσθέστε την ντομάτα και μαγειρέψτε για 5 λεπτά ακόμη, ή μέχρι να μαλακώσουν όλα τα λαχανικά.

e) Αλατοπιπερώστε κατά βούληση και σερβίρετε σε ζεστές τορτίγιες με φέτες αβοκάντο και σάλσα.

96. Πικάντικα κολοκυθάκια και τάκος μαύρα φασόλια

Κάνει: 4 μερίδες

ΣΥΣΤΑΤΙΚΑ:

- 1 κουταλιά της σούπας φυτικό λάδι, προαιρετικά
- ½ Λευκό κρεμμύδι, κομμένο σε λεπτές φέτες
- 3 σκελίδες σκόρδο, ψιλοκομμένες
- 2 Μεξικάνικα κολοκυθάκια, μεγάλα, κομμένα σε κύβους
- 1 κονσέρβα (14,5 ουγκιές) μαύρα φασόλια, στραγγισμένα

Σάλτσα CHILE DE ARBOL:

- 2 - 4 Chile de Arbol, αποξηραμένα
- 1 φλιτζάνι αμύγδαλα, ωμά
- ½ Κρεμμύδι, λευκό, μεγάλο
- 3 σκελίδες σκόρδο, χωρίς τη φλούδα
- 1 ½ φλιτζάνι ζωμός λαχανικών, ζεστός

ΟΔΗΓΙΕΣ:

a) Ζεσταίνουμε το φυτικό λάδι σε μέτρια φωτιά σε ένα μεγάλο τηγάνι. Προσθέστε το κρεμμύδι και ιδρώστε για 2-3 λεπτά ή μέχρι το κρεμμύδι να γίνει τρυφερό και διάφανο.

b) Προσθέστε τις σκελίδες σκόρδο και μαγειρέψτε για 1 λεπτό.

c) Προσθέστε τα κολοκυθάκια και μαγειρέψτε μέχρι να μαλακώσουν, περίπου 3-4 λεπτά. Προσθέτουμε τα μαύρα φασόλια και ανακατεύουμε καλά. Αφήνουμε να ψηθεί για 1 λεπτό ακόμα. Αλατοπιπερώνουμε.

d) Για να φτιάξετε τη σάλτσα: ζεστάνετε ένα ταψί ή τηγάνι από μαντεμένιο σε μέτρια προς δυνατή φωτιά. Ψήστε τα τσίλι από κάθε πλευρά μέχρι να ψηθούν ελαφρά, περίπου 30 δευτερόλεπτα από κάθε πλευρά. Βγάζουμε από το τηγάνι και αφήνουμε στην άκρη.

e) Προσθέστε τα αμύγδαλα στο τηγάνι και φρυγανίστε μέχρι να ροδίσουν, περίπου 2 λεπτά. Βγάζουμε από το τηγάνι και αφήνουμε στην άκρη.

f) Φρυγανίζουμε το κρεμμύδι και το σκόρδο μέχρι να απανθρακωθούν ελαφρώς, περίπου 4 λεπτά από κάθε πλευρά.

g) Τοποθετήστε τα αμύγδαλα, το κρεμμύδι, το σκόρδο και τα τσίλι στο μπλέντερ. Προσθέστε τον ζεστό ζωμό λαχανικών. Επεξεργαστείτε μέχρι να ομογενοποιηθεί. Αλατοπιπερώνουμε. Η σάλτσα πρέπει να είναι πηχτή και κρεμώδης.

97. Τάκος με σπαράγγια

Κάνει: 1 μερίδα

ΣΥΣΤΑΤΙΚΑ:
- 4 κίτρινες τορτίγιες καλαμποκιού
- 16 τεμάχια σπαράγγια ψητά
- $\frac{1}{4}$ φλιτζάνι τυρί Monterey jack, τριμμένο
- $\frac{1}{4}$ φλιτζάνι λευκό τυρί τσένταρ, τριμμένο
- Αλατοπίπερο
- Ελαιόλαδο, για βούρτσισμα

ΟΔΗΓΙΕΣ:
a) Ετοιμάστε τη σχάρα.
b) Για κάθε taco, απλώνετε το $\frac{1}{4}$ των τυριών και 4 κομμάτια από τα σπαράγγια σε κάθε τορτίγια, αλατοπιπερώνετε κατά βούληση.
c) Διπλώστε στη μέση. Αλείφουμε ελαφρά το εξωτερικό με ελαιόλαδο.
d) Ψήστε για 3 λεπτά από κάθε πλευρά ή μέχρι να γίνει τραγανή η τορτίγια και να λιώσει το τυρί.

98. Τάκο με βλαστάρια φασολιών με βόειο κρέας

Κάνει: 8 μερίδες

ΣΥΣΤΑΤΙΚΑ:
- 12 ουγγιές βλαστάρια φασολιών Fuji
- 16 κοχύλια Taco
- $\frac{1}{4}$ μαρούλι, ψιλοκομμένο
- $\frac{1}{2}$ πακέτο μίγμα καρυκευμάτων Taco (1,6 oz)
- 2 κουταλιές της σούπας Φυτικό λάδι
- 1 ντομάτα σε κυβάκια
- 1 κιλό μοσχαρίσιος κιμάς, μαγειρεμένος/στραγγισμένος

ΟΔΗΓΙΕΣ:

a) Τηγανίζουμε τα φασόλια Fuji σε λάδι σε φωτιά για 30 δευτερόλεπτα.

b) Προσθέστε το βοδινό κρέας που έχει παρασκευαστεί σύμφωνα με τις οδηγίες του μίγματος καρυκευμάτων taco.

c) Αποσύρουμε από τη φωτιά, γεμίζουμε τα κοχύλια taco με την επιθυμητή ποσότητα μείγματος, προσθέτουμε ντομάτα, μαρούλι και τυρί.

99. Τάκος με φασόλια γκουακαμόλε

Κάνει: 1 μερίδα

ΣΥΣΤΑΤΙΚΑ:
- 1 πακέτο κοχύλια Taco
- 15 ουγγιές Τηγανισμένα φασόλια
- Γκουακαμόλε
- Κρεμμύδια ψιλοκομμένα
- Κομμένες ντομάτες
- Τυρί τσένταρ τριμμένο

ΟΔΗΓΙΕΣ:

a) Ζεσταίνουμε τα κοχύλια taco σε προθερμασμένο φούρνο στους 250 βαθμούς μέχρι να ζεσταθούν καλά, για 5 λεπτά.

b) Σε μικρή κατσαρόλα βράζουμε τα τηγανισμένα φασόλια σε χαμηλή φωτιά, ανακατεύοντας συχνά, μέχρι να ζεσταθούν καλά.

c) για κάθε taco, βάλτε 2 στρογγυλεμένες κουταλιές της σούπας το καθένα, φασόλια και guacamole σε ένα κέλυφος taco, πασπαλίστε με το κρεμμύδι, την ντομάτα και το τυρί.

d) Μπορείτε επίσης να προσθέσετε λίγο ψιλοκομμένο μαρούλι.

100. Τάκος φακής

Κάνει: 4 μερίδες

ΣΥΣΤΑΤΙΚΑ:
- 1 φλιτζάνι κρεμμύδια? κιμάς
- $\frac{1}{2}$ φλιτζάνι σέλινο? κιμάς
- 1 σκελίδα σκόρδο? κιμάς
- 1 κουταλάκι του γλυκού ελαιόλαδο
- 1 φλιτζάνι κόκκινες φακές
- 1 κουταλιά της σούπας τσίλι σε σκόνη
- 2 κουταλάκια του γλυκού αλεσμένο κύμινο
- 1 κουταλάκι του γλυκού ρίγανη αποξηραμένη
- 2 φλιτζάνια ζωμός κοτόπουλου? απολιπασμένος
- 2 κουταλιές της σούπας Σταφίδες
- 1 φλιτζάνι ήπια ή πικάντικη σάλτσα
- 8 τορτίγιες καλαμποκιού
- Τριμμένο μαρούλι
- Κομμένες ντομάτες

ΟΔΗΓΙΕΣ:
a) Σε ένα μεγάλο τηγάνι σε μέτρια φωτιά σοτάρουμε στο λάδι τα κρεμμύδια, το σέλινο και το σκόρδο για 5 λεπτά. Προσθέστε τις φακές, τη σκόνη τσίλι, το κύμινο και τη ρίγανη. Μαγειρέψτε για 1 λεπτό. Προσθέστε το ζωμό και τις σταφίδες. Σκεπάζουμε και μαγειρεύουμε για 20 λεπτά ή μέχρι να μαλακώσουν οι φακές.
b) Αφαιρούμε το καπάκι και μαγειρεύουμε, ανακατεύοντας συχνά, μέχρι να πήξουν οι φακές, περίπου 10 λεπτά. Ανακατεύουμε τη σάλσα.

c) Τυλίξτε τις τορτίγιες σε ένα υγρό χαρτί κουζίνας και ψήστε τα μικροκύματα σε υψηλή θερμοκρασία για 1 λεπτό ή μέχρι να μαλακώσουν.
d) Μοιράζουμε το μείγμα φακής στις τορτίγιες.
e) Από πάνω ρίχνουμε το μαρούλι και τις ντομάτες.

ΣΥΜΠΕΡΑΣΜΑ

Τα tacos είναι ένα ευέλικτο και νόστιμο γεύμα που μπορούν να απολαύσουν άνθρωποι όλων των ηλικιών. Με τις ατελείωτες δυνατότητές τους για γεμίσεις και επικαλύψεις, μπορούν να προσαρμοστούν για να ταιριάζουν στις γευστικές προτιμήσεις οποιουδήποτε. Από απλά τάκος με βόειο κρέας και τυρί μέχρι πιο περίτεχνες επιλογές για χορτοφάγους ή θαλασσινά, υπάρχει μια συνταγή τάκο που πρέπει να απολαύσουν όλοι. Έτσι, την επόμενη φορά που θα έχετε διάθεση για ένα γρήγορο και χορταστικό γεύμα, σκεφτείτε να φτιάξετε μερικά νόστιμα tacos και αφήστε τους γευστικούς κάλυκες σας να ευχαριστηθούν.

Ingram Content Group UK Ltd.
Milton Keynes UK
UKHW020612120623
423287UK00008B/31